- ⑱ わたしたちのまちの伝統と文化 …………………… 36
- ⑲ 家庭における伝統文化 ………………………………… 38
- ⑳ 企画力と実行力　～文化祭を企画し，運営してみよう～ ……… 40
- ㉑ 学校をアピールする …………………………………… 42
- ㉒ 日本文化を守る ………………………………………… 44
- ㉓ 自己実現のために ……………………………………… 46
- ㉔ 人生を振り返る ………………………………………… 48
- ◆ 生き方の座標軸 ………………………………………… 50

- ㉕ 地域社会への貢献 ……………………………………… 52
- ㉖ 社会の一員としての活動 ……………………………… 54
- ◆ 育児に関する理解 ……………………………………… 56
- ㉗ 職場体験〈1〉 …………………………………………… 58
- ㉘ 職場体験〈2〉 …………………………………………… 60
- ㉙ 経済と雇用の関係 ……………………………………… 62
- ㉚ 社会が求める資質と能力 ……………………………… 64
- ㉛ 進路選択 ………………………………………………… 66
- ㉜ 進路計画 ………………………………………………… 68
- ★ ファイナンス・パーク・プログラム ………………… 70
  ～生活設計体験学習～

市民科からの贈りもの …………………………………… 71

学習のねらい　＊冷静に物事をとらえることの大切さを知ることができる。

1 自分の生活における課題

ステップ1　こんな場合，あなたならどうしますか。

電車が事故に遭い，遅刻しそうです。

クラスメート数人が口論を始め，あなたに同意を求めてきました。

友達から意味のわからないメールが送られてきました。

> **ステップ2**　冷静に物事をとらえることが、よりよい解決につながる。

> **ステップ3**

●各自で考えてみましょう●
* ステップ1の状況について、客観的に考えて判断してみましょう。

●グループで話し合ってみましょう●
* 一人一人の考えを出し合い、グループの意見を参考にして判断してみましょう。

> **ステップ4**

●実践するときに、どのようなことを意識したらよいでしょう●
* 自分や周囲の人の行動について考えていきましょう。
* 冷静に正しく判断し、行動していきましょう。

> **ステップ5**

* 冷静に物事を分析する方法が理解できましたか。
* 課題解決に向けた行動がとれるようになりましたか。

学習のねらい ＊自己実現のためのさまざまな方策を考えることができる。

◆ 克服するということ

ステップ1 濃野さんはどのようにして闘牛士としての地位を手に入れたのでしょうか。

闘牛の世界に自分の夢を見つける

　濃野平さんは，日本人闘牛士です。彼の最初の夢はダンサーになることでしたが，ダンスの修業中に腰を痛めてしまい，夢をあきらめねばなりませんでした。そんな失意のなか目にしたのが，スペインの闘牛士の姿でした。「自分のやりたかったことはこれだ」と思いたつと，すぐにスペインへ渡って闘牛の世界に入りました。

　東洋からはるばるやって来た一人の青年は，闘牛の本場スペインでも注目を集め，短い期間で試合に出場することができました。しかし，一流の闘牛士になるには豊富な経験と莫大な資金が必要です。濃野さんは農場やパン屋のアルバイトで生計を立てながら，お金を稼げる本物の闘牛士になろうと努力しました。うまくいかないことを周りの環境や他人のせいにせず，自ら創意工夫して夢を実現させる。そんなひたむきな姿は日本のマスコミの目にもとまり，やがて取材を受けてテレビ出演するようになりました。

　闘牛というのは，経済的に成功することがとても難しい世界です。それでも濃野さんは，奥さんや周りの応援してくれる人たちに支えられ，幸福に暮らしています。今では，闘牛を通して文化交流に貢献したことが認められ，日本とスペイン両国の大使館から招待を受けるまでになりました。こうして濃野さんは，最大の夢であるマタドール・デ・トロス（最高峰クラスの闘牛士）目ざして努力を続けながら，日本とスペインの架け橋として活躍しています。

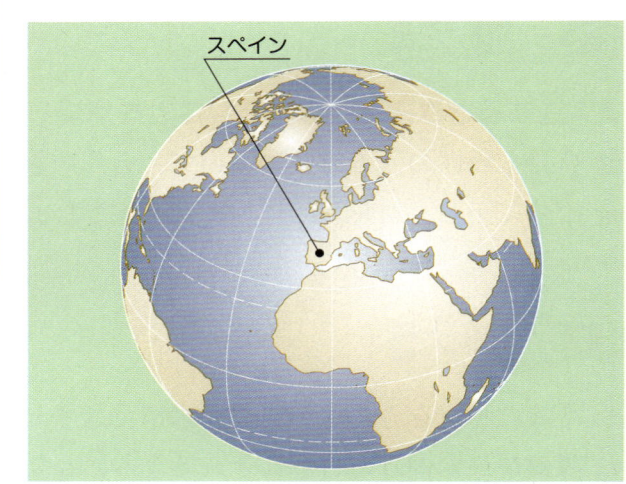

ステップ2　自己実現のためには，さまざまな困難を克服しなければならない。

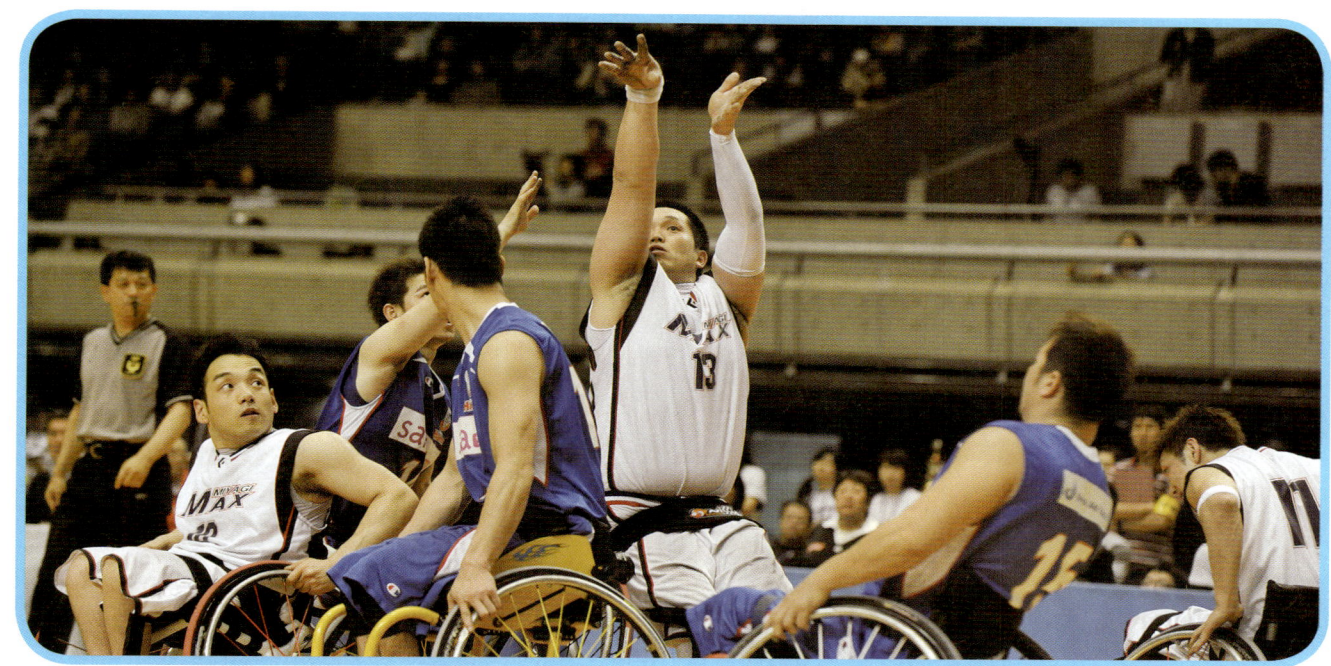

▲熱闘を繰り広げる車いすバスケットの試合

ステップ3

●考え，話し合ってみましょう●

* 濃野さんが立ち向かわなければならない困難にはどのようなものがありましたか。
* いちばん困難だと思われるのはどのような場面ですか。
* 自分ならどうしましたか。
* なぜ濃野さんはそうした困難を乗り越えることができたのか考えてみましょう。
* 濃野さんのホームページ（『TAIRANONO.COM』）などにアクセスして調べてみましょう。
* 濃野さんの話を聞いてどう思ったか感想をまとめてみましょう。

ステップ4

* 身近な人がどのような道のりを経て現在の立場にいるのか聞いてみましょう。
* 周囲の人たちがどのようにして夢をもったのか聞いてみましょう。
* 周囲の人たちがどのような道のりをたどってその夢を実現したのか聞いてみましょう。

ステップ5

* 自己実現のためには，目標と努力が必要であることがわかりましたか。

> **名言名句**
> 偶然は準備のできていない人を助けない。
> ルイ＝パスツール（1822〜1895）
> フランスの生化学者。
> ＊狂犬病ワクチン，ニワトリコレラワクチンの発明など。

学習のねらい ＊現在の社会が向かっている方向を知り，対応を考えることができる。

2 社会の現象と自分のかかわり ～これからの社会の変化の中での生き方～

ステップ1 現代社会が抱える問題について考えてみてください。

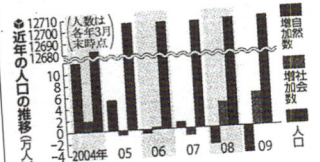

人口「自然減」最大
出生数減り 死者数は最多
帰化・転入増える

（2009年8月12日 読売新聞）

▲気候変動が主要な議題となったG8ラクイラ・サミット

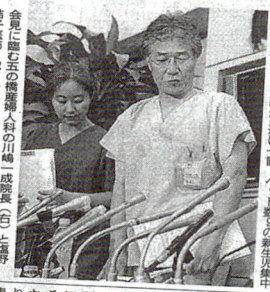

大病院 次々拒否
「満床」「医師不在」「切迫感なかった」
妊婦死亡

妊婦救急 都市部も弱さ

（2008年10月23日 朝日新聞）

米消費頼み脱却 難題
経済の不均衡是正 G20合意
中国、代役の期待警戒
日本、険しい内需拡大
金融規制は脇役に
危機感薄れて…

（2009年9月27日 朝日新聞）

ステップ2　現代社会が抱える問題と自分とのかかわりを考えることが大切である。

▼雑誌に掲載されたマグロ保護を訴えるWWFの広告

資料提供：WWF（World Wide Fund for Nature）

ステップ3

●クラスで話し合ってみましょう●
* ステップ1の資料から読み取れる課題について，話し合ってみましょう。
* それぞれの原因はどこにあるのか，話し合ってみましょう。
* どのような対策が考えられるか，話し合ってみましょう。
* わたしたちはどのような生活を送る必要があるのか，考えてみましょう。

●各自で調べてみましょう●
* 高齢化社会，地球温暖化，新興国の発展について，現状と課題を調べ，話し合ったことと比べてみましょう。
* わたしたちの生活にどのような変化が求められるか，各自で考えてみましょう。

ステップ4

* 新聞やニュースに注目し，現在の社会問題についてどのような政策がとられ，その結果，状態がどのように変わるのかを継続して調べていきましょう。

ステップ5

* 現在の社会問題について，現状と影響について理解できましたか。
* 現在のわたしたちにできることが見つかりましたか。

現代社会はいくつもの問題を抱えているんだね。

学習のねらい ＊現代社会でのさまざまな差別を知り，差別のない社会をつくろうという意識を高めることができる。

3 人権についての理解

ステップ1 人権について考えてみてください。

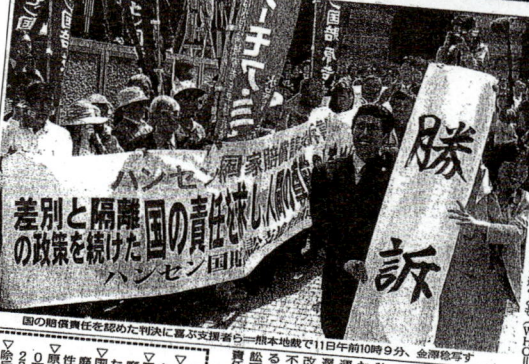

民間団体が調査「是正を」

身障者向け公務員試験
点字実施 20道府県

身体障害のある受験者に限定した都道府県の公務員採用試験（特別枠）で、点字受験を認めているのは半数以下の20道府県しかないことが、「障害者欠格条項をなくす会」（東京都）の調査で分かった。既に毎日新聞の調査で、政令市と県庁所在市など計51自治体の一般事務職試験で点字受験できるのは6割未満と判明。身体障害者向けに限った試験でも、多くの自治体が視覚・聴覚障害者の受験を制限している実態が明らかになった。

（社会面に関連記事）

調査は、各自治体のホームページに公開された身体障害者対象の職員採用試験案内など（一部に学校事務を含む）を確認する方法で実施。特別枠試験がない群馬、富山両県を除く45都道府県が対象。

点字受験ができることを明記するのは、北海道▽青森▽岩手▽宮城▽秋田▽埼玉▽千葉▽神奈川▽静岡▽京都▽大阪▽兵庫▽和歌山▽高知▽福岡▽長崎▽熊本▽宮崎▽鹿児島▽沖縄の計20道府県。一方、東京など多くの自治体が受験資格に「活字印刷文に対応できること」と明記し、視覚障害者を制限している。

手話通訳者の要・不要を問うなどの記述が確認できたのは22道府県。徳島、愛媛両県は受験資格に「口頭による試験に対応できること」などと明記して手話通訳を認めず、それ以外の自治体も大半は手話通訳を想定していない。同会事務局長で聴覚障害のある臼井久実子さんは「活字や音声を扱えなければ、仕事ができないという思い込みが強いのではないか。明らかに差別で、是正すべきだ」と話している。【遠藤哲也】

（2009年12月21日　毎日新聞）

国のハンセン病隔離 違憲
18億円賠償命令
国賠訴訟「国会責任」異例の指摘
熊本地裁判決

国の賠償責任を認めた判決に喜ぶ支援者ら＝熊本地裁で11日午前10時9分、金澤稔写す

「らい予防法」（96年廃止）による国立ハンセン病療養所への強制隔離政策で人権侵害を受けたと主張し、入所者ら元患者が1人当たり1億1500万円を求めたハンセン病国家賠償訴訟の初の判決が11日、熊本地裁であった。杉山正士裁判長（永松健幹裁判長代読）は「遅くとも（WHO＝世界保健機関＝が隔離否定の勧告をした）60年以降は隔離の必要性は失われた。この時点で隔離政策の抜本的変更などをすべきだった」と国（旧厚生省・国会）の違法性を認め、原告127人に総額18億2380万円（1人当たり1400万～800万円）を支払うよう国に命じた。（3面に判決理由要旨、社会面に関連記事）

60年以降は隔離不要

判決は「60年時点で予防法は違憲性が明白だった。入所者団体の法改正運動もあったのだから、遅くとも65年以降に法を改廃しなかった立法上の不作為につき過失を認めるのが相当」とし、国賠訴訟では異例の国会の賠償責任も指摘。96年の法廃止まで被害は続いたとの判断から、民法の除斥期間（権利の有効期間。20年）は適用しなかった。

戦後の隔離政策をほぼ全面的に誤りと指摘した画期的な判決で、未提訴者を含め元患者の全面救済に弾みがつきそうだ。

訴訟は①隔離政策の必要性②法や政策による人権侵害の有無と国の賠償責任③除斥期間による賠償請求権の消滅――などが争点となった。

判決は①について「隔離は継続的で極めて重大な人権の制限を患者に強いる。その時々の最新の医学的知見に基づき、慎重に判断すべきだ」と指摘。43年に開発された新薬の治療効果が上がっていた▽WHOなど国際会議では50年代から隔離の正当性が疑問視されていた――などから「60年以降、ハンセン病は隔離が必要なほど特別な疾患ではなかった」と判断した。

②のうち旧厚生省の責任では、隔離政策が社会の差別・偏見を助長した点にも言及。「予防法の改廃に向けた手続きを進

ハンセン病訴訟判決の骨子

▽ハンセン病は少なくとも60年以降、隔離政策を用いるほどの特別な疾患ではなくなった
▽厚生省は同年以降、96年の新法（らい予防法）廃止まで隔離政策変更を怠り、違法性があった
▽国会は遅くとも65年以降、新法の隔離規定を廃止しなかった立法上の不作為があり、違法性があった
▽原告127人の慰謝料額は1人当たり1400万～800万円の4段階。認容総額は18億2380万円
▽除斥期間の起算点は6

ことば ハンセン病　らい菌が末しょう神経などを侵す慢性感染症。顔・手足の変形という症状や遺伝病との誤解から歴史上、患者は激しい差別・偏見の対象となってきた。乳幼児期に患者と長期間接触するなど特殊な場合でしか感染しない。米で治療薬プロミンが開発された1943年以降、治療薬が飛躍的に進歩し

（2001年5月11日　毎日新聞）

女性差別改善 日本に勧告
国連規約人権委「賃金格差・セクハラ対策に遅れ」

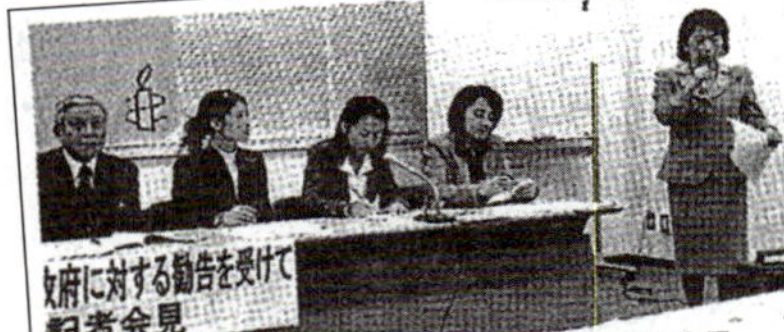

国連・規約人権委員会の勧告について記者会見する国内NGO（東京・参議院議員会館で）

国連の規約人権委員会がこのほど、日本政府から提出された報告書に対する所見を発表した。日本は死刑制度の撤廃を検討するよう求められたほか、男女間賃金格差や女性への暴力など、女性を巡る制度や法整備の遅れについても指摘された。

同委員会は世界人権宣言を法制化した二つの規約のうち、「市民的・政治的権利に関する国際規約（自由権規約）」について、批准国が提出する報告書をもとに取り組み状況を審査している。日本は1998年以来10年ぶり5回目の審査。

同規約は「男女平等」も規定している。日本政府は報告書の中で、男女共同参画社会基本法やDV防止法などが施行されたことを挙げて、男女平等施策が進んでいることを強調。また前回審査で指摘された、男女で異なる結婚可能年齢や女性のみに再婚禁止期間を規定した民法については「合理的な理由に基づく」などと説明していた。

これに対して同委員会は、女性を差別しているとして民法や関連法の改正を求めたほか、国会議員や政府の主要ポストに占める女性割合が低いのは「数値目標自体が低過ぎるため」として、クオータ（割り当て）制の導入など、一層の努力を求めた。

また、賃金格差やセクハラ対策の遅れなど労働分野の不平等について、7項目にわたって勧告。性暴力やDVなど、女性への暴力に関しては「司法手続きが女性への性的偏見を元にしている」として、法規定の見直しも勧告した。

同委員会はNGOが提出する報告書も踏まえて審査している。報告書を提出し委員会も傍聴したNGO「アジア女性資料センター」の本山央子さんは「日本政府が勧告に沿って取り組みを進めるよう見守りたい」と話している。

（2008年11月8日　読売新聞）

ステップ2

国民は，すべての基本的人権の享有を妨げられない。（日本国憲法第11条）

世界人権宣言　第1条（仮訳文）

すべての人間は，生まれながらにして自由であり，かつ，尊厳と権利とについて平等である。人間は，理性と良心とを授けられており，互いに同胞の精神をもって行動しなければならない。

差別のない社会は，みんなの力でつくっていこう。

ステップ3

●各自で取り組んでみましょう●
* 社会の中にどのような人権問題があるか調べてみましょう。
* それらの背景や理由について考えてみましょう。
* 『日本国憲法』を読んでみましょう。

●グループで発表してみましょう●
* 身のまわりにある差別や偏見をなくすための取り組みについて発表してみましょう。

ステップ4

* 日常生活において，差別や偏見を許さない意識をもって生活しましょう。

（2008年11月21日　朝日新聞）

ステップ5

* 現実の社会で，人権についての問題があることが理解できましたか。
* 自分の人権とともに，他者の人権を尊重して生活することができますか。

> 学習のねらい　＊社会の中にあるマナーやルールを守り，正しく行動することができる。

4 社会マナーとルール

ステップ1 社会には，さまざまな条例や規律があります。これらがどうして必要なのか，考えてみてください。

ステップ2 社会にはマナーとルールが必要である。

ステップ3

●各自で調べてみましょう●

* 生活の中のマナーにはどのようなものがあるか調べてみましょう。
* わたしたちの生活と関連のある条例について調べてみましょう。

品川区歩行喫煙および吸い殻・空き缶等の投げ捨ての防止に関する条例

平成15年3月31日
条例第5号

（目的）
第1条　この条例は、歩行中の喫煙および吸い殻・空き缶等の投げ捨てを防止することについて必要な事項を定め、区民の良好な生活環境を保全し、快適で住みよい地域社会の形成に寄与することを目的とする。

●グループで取り組んでみましょう●

* 自由と責任というテーマで、各自で考えたことについて、話し合ってみましょう。
* グループの意見をまとめて発表してみましょう。

●各自で考えてみましょう●

* 社会の中で生きていくうえで、どのような自由と責任があるか考えてみましょう。

▲品川区生徒作品マナーポスター

ステップ4

* 日常生活の中で、マナーやルールを守って生活することを心がけていきましょう。
* 社会の一員であるという自覚をもち、周囲の人に迷惑をかけないように行動していきましょう。

だれかに迷惑をかけないということが基本なんだね。

▼電車内での優先席と携帯電話OFFの標示

ステップ5

* 社会を築くために、マナーやルールが必要であることが理解できましたか。
* 自分の行動に責任をもっていますか。

学習の
ねらい　＊集団の中での自分の役割と責任を考えて行動することができる。

5 集団の一員として

ステップ1　わたしたちはこれまで学校の内外でさまざまな取り組みを行ってきました。それぞれの取り組みが成功するために，どのようなことが大切だったか振り返ってみてください。

▲夏祭りの手伝い

▲運動会の応援

▲理科教室の手伝い

みんなで力を合わせると、大きな力になるんだね。

ステップ2
わたしたちは集団の中で生活している。その中で自分の役割を果たすことが重要である。

ステップ3
学校や地域での自分の役割と責任を考えて，小学校と中学校の合同行事を成功させましょう。

●各自で考えてみましょう●
* 自分の役割は何か考えてみましょう。
* ほかにどのような役割が必要か，さらに，リーダーとして必要なことは何か，考えてみましょう。

●グループで実践してみましょう●
* 各自が役割を分担し，グループで行事に取り組みましょう。

【実施前】下級生たちに，行事についての注意事項を説明しましょう。

【実施時】行事の進行やほかの役割の人たちにも注意を払いながら，自分の役割を果たしましょう。

【実施後】それぞれの分担がうまく機能したか振り返りましょう。

▲合同運動会の応援計画

ステップ4
* 文化祭，運動会，地域のお祭りなど，学校や地域の行事に取り組むときには，自分の役割と責任を考え，積極的にかかわっていきましょう。

ステップ5
* 集団の一員としてどのような役割と責任があるか，理解できましたか。
* 自分の役割を理解し，自覚をもって行動できましたか。

学習のねらい　＊友情の尊さを理解し，信頼できる人間関係を築き，互いに励まし合うことができる。

6 信頼し合うということ

ステップ1　次のアンケート調査を見て，友達の大切さについて考えてみてください。

[中学生の相談相手に関するアンケート]

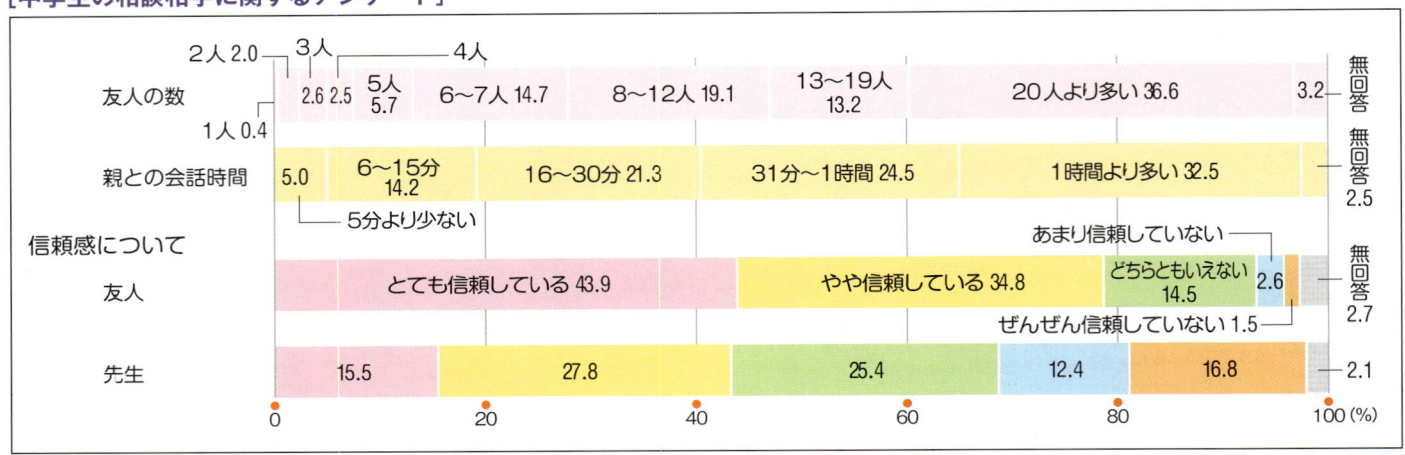

（東京都　平成14年資料）

ステップ2　信頼し合える友は，一生の宝である。

ステップ3

●グループで話し合い，クラスで発表してみましょう●

＊小説やドラマ，漫画などの中から，互いを信頼し合っている友人関係を選び出してみましょう。そして，どのような場面が理想的な友人関係として描かれているのか紹介してみましょう。

ステップ4

＊自分の周りにいる友達と信頼できる関係を築いていきましょう。

ステップ5

＊友達を信頼するということが理解できましたか。
＊信頼できる友達の大切さがわかりましたか。

学習のねらい ＊身近な地域の福祉・介護について考えることができる。

7 福祉への取り組み

ステップ1

これからの社会における福祉・介護について考えてみてください。

[日本の人口構造]

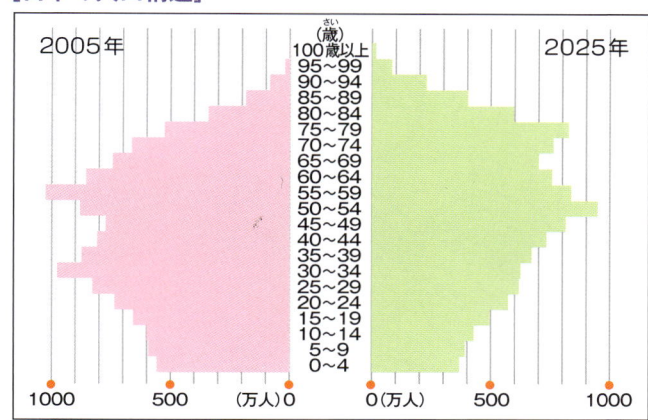

2005年：総務省統計局「平成17年国勢調査」(実績値)
2025年：国立社会保障・人口問題研究所「日本の将来推計人口」(2006年12月推計)
　　　　死亡中位かつ出生中位と仮定した推計値。

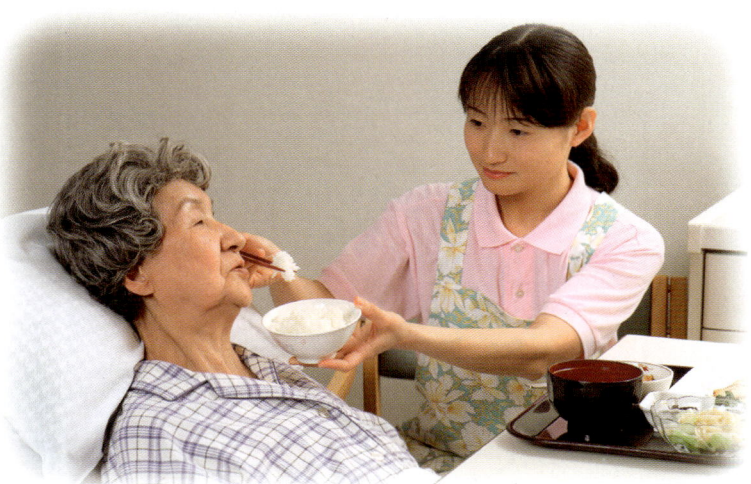

近い将来，日本人の3人に1人は65歳以上となります。

ステップ2　大切なのは，相手の身になって接することである。

＊ 車いす体験や高齢者の疑似体験を通して，お年寄りの立場を改めて考えてみましょう。
＊ これからの日本では，どのような配慮が必要になってくるのか話し合ってまとめてみましょう。
＊ テレビ番組を利用して，高齢者介護の方法を学習しましょう。
（NHKオンライン「ワンポイント介護」http://www.nhk.or.jp/fukushi/one_kaigo/）

ステップ3

＊ 品川区の「福祉」の取り組みについて，調べてみましょう。
＊ 「自分と福祉」というタイトルで，人との接し方についてまとめてみましょう。

ステップ4

＊ 日常生活の中で高齢の方に配慮をしましょう。
＊ 老人ホームのボランティアに参加し，自分たちの役割を考えましょう。

ステップ5

＊ これからの社会における福祉の大切さが理解できましたか。
＊ 福祉・介護についての正しい理解をもち，行動することができますか。

学習のねらい　＊自己も他者も大切にしたコミュニケーションにより，望ましい対人関係をつくることができる。

8 互いを尊重した対応

ステップ1　次の4コマ漫画を読んで，問題点について考えてみてください。

どこかで見たことがあるような気もするね。

ステップ2　相手を尊重するとは，自分も相手も大切に考えることである。

ステップ3

✳ 自分も相手も大切にする表現を学びましょう。

〈三つの表現の仕方を試してみましょう〉

【消極的な意見の言い方】
　自分の意見を言うとき，自信なく消極的な表現をしたり，あいまいな言い方をしたりしてみましょう。

【自分勝手で強い口調の意見の言い方】
　自分の意見を言うとき，相手の言い分を聞かずに，自己中心的に考えて一方的な言い方をしてみましょう。

【アサーティブな言い方】
　自分も相手も大切にしようとする気持ちで，自分の意見，考え，気持ちを正直に，率直に，その場にふさわしい言い方で伝えてみましょう。

✳ あなたのコミュニケーションの仕方を振り返りましょう。

　自分や相手の性格上の特質を理解したうえで，相手との人間関係をうまくコントロールしていく技術を身につけていくことも大切です。人の心の中には5人のわたしがいるといわれています。あなたの心の中を分析してみましょう。

> 体育館の掃除に来なかった同じ班のAさん。こんな場面に出会ったあなたは，そのときどんな考えをもつでしょうか。
>
> | | |
> |---|---|
> | 批判的なわたし | 掃除をさぼるなんてAさんは頼りにならない。 |
> | 優しいわたし | あしたはちゃんと来るように頼んでみよう。 |
> | 大人のわたし | 何か事情があるのかもしれないね。 |
> | わがままなわたし | 本当に頭にくる。文句を言ってやろう。 |
> | 我慢するわたし | しかたがないからわたしがAさんの分まで掃除しよう。 |

自分や相手をよく知ることが大切なんだね。

　自分自身がどのような態度や表情でコミュニケーションをとっているか，また，自分の口癖についても確認し，どのようなコミュニケーションをとればよいか考えましょう。

✳ 年齢や立場，意見の異なる相手と話すときに，心がけることを考えましょう。

ステップ4

✳ 学校生活のさまざまな場面で互いに尊重し合う態度を心がけていきましょう。

ステップ5

✳ 互いを尊重する態度やコミュニケーションの方法が理解できましたか。

学習の
ねらい　※相手に与える自分の印象をよくする技術を身につけることができる。

9 主張する技術

ステップ1　相手がどんな人かを判断する材料には、さまざまな要素があります。

- 体型
- 態度
- 表情
- 性格
- 特技
- 服装・髪型
- あいさつ
- 趣味

わたしたちは毎日の生活の中で、どんな要素で人を判断したり、人に判断されたりしているでしょうか。それぞれの場面で考えてみましょう。

▲今のあなたのクラスで

▲入学式で初めてクラスメートと会って

▲面接試験で面接官は

ステップ2　表情や態度もその人の評価を決める重要な要素である。

ステップ3

●各自でやってみましょう●

* 鏡に向かって、笑顔の練習をしてみましょう。相手にとって感じのよい笑顔とはどういう表情か、知的に見える笑顔とはどういう表情か、まわりの友達と確認してみましょう。
* 自己ＰＲの内容を考え、発表してみましょう。

* 自己ＰＲの原稿を用意したら、次の点に注意して練習してみましょう。
  ・表情は感じのよい笑顔がよいか、知的な笑顔がよいか。
  ・視線、姿勢、声の大きさで自信がある自分を表現する。
* 互いのＰＲの様子をビデオに撮って、自分たちの表情や態度を振り返ってみましょう。

ステップ4

* 職場体験や上級学校を訪問するときなどに、自信をもって自分を表現することを身につけていきましょう。

ステップ5

* 初対面に近いほど、人は笑顔の表情やあいさつなどの態度で判断されることが理解できましたか。
* 自分を表現するために必要な笑顔や態度を練習することができましたか。

学習のねらい ※地域において，進んでリーダー的役割を担うことができる。

10 リーダーシップ

ステップ1

集団がうまく機能するためには，集団を動かすリーダーが必要になります。非常時であればあるほど，リーダーの重要性は大きくなります。次の文章を読んでリーダーについて考えてみてください。

ナホトカ号重油流出事故

1997（平成9）年1月2日，島根県隠岐諸島沖で大規模な海難事故が起きた。福井県をはじめとする日本海沿岸地域の環境と人々の生活に大きな被害をもたらした「ナホトカ号重油流出事故」である。

暖房用の重油19,000klを積み，中国の上海からロシアのペトロパブロフスクに向かっていたロシア船籍タンカー・ナホトカ号が，大荒れの日本海で波浪により破断。船体は水深2,500mの海底に沈没したが，分離した船首部分は強い季節風にあおられて漂流を続け，事故発生から5日後の1月7日，福井県坂井郡三国町（現・坂井市三国町）の海岸に漂着した。この間，ドラム缶およそ3万本分の重油が海に流れ出し，被害は広く日本海側の9府県に及んだ。真冬の過酷な気候条件のなか，海上では海上保安庁や自衛隊が重油の回収作業にあたり，重油が流れ着いた海岸では地元住民や全国各地から集まったボランティアが協力し，バケツリレーによる回収作業を行った。

このナホトカ号重油流出事故に対しては，海上保安庁，県，町，社会福祉協議会，青年会議所，企業，地元住民，ボランティア等のさまざまな組織，団体，個人によって異なる初期対応がとられた。また，最大の被害を出した三国町に続々とボランティアが集結するなかで，彼らを取りまとめるリーダーの存在も必要となってきた。そこで，さまざまな初期対応をしていた組織，団体が合流して「重油災害ボランティアセンター」ができ，やがてそれが「三国ボランティア本部」に発展していった。これは行政と民間組織が互いに必要とすることを補完し合うかたちでパートナーシップを組んだ画期的な例であった。官民一体の災害対策の好例とされ，今日では「三国方式」と呼ばれている。

ボランティア現地本部は青年会議所の東角氏をセンター長とし，消防団，警察，三国町社会福祉協議会等が協力して，総務，広報，車両，メディア，炊き出し，受付等の各班に分かれ，それぞれ，めまぐるしくスタッフが入れ替わるなかで，継続的に活動をこなしていた。

各班には長期ボランティアが可能な学生等の若者がリーダーとなり，リーダーやスタッフの交替もごく自然に行っている。そのときどきの相談でルールを決める。複雑なルールを固定せず，ときどきのスタッフのやり方にゆだねるといった柔軟な運営が功を奏しているように見えた。

（ボランティア参加者の体験記より）

> ステップ2　リーダーシップとは，目標を達成させる強い意志と行動力である。

> ステップ3

●グループで討論してみましょう●

　三国町のナホトカ号重油流出事故においては，地元の方だけではなく日本全国からたくさんのボランティアが集まり活動しました。世界でも注目されたその活動で一人一人の力が十分に発揮できたのは，ボランティアを誘導するリーダーたちの意志の強さと行動力が大きかったといわれています。三国町を例にとり，非常時におけるリーダーの役割と態度について考えてみましょう。

＊三国町に集まったボランティアをまとめるためには，何が決まっていなければいけないでしょうか。「三国ボランティア本部」の一員となったつもりで，明確にしなくてはいけない事項をグループで話し合い，あげてみましょう。

＊行政や町の人々に協力してもらわなければいけないことは何でしょうか。グループで話し合い，あげてみましょう。

●各自で振り返ってみましょう●

＊リーダーには，どのような力が必要でしょうか。考えたことをまとめましょう。

＊自分自身がリーダーになるためには，どのような力が足りないか考えてみましょう。

> ステップ4

＊集団や地域の中で，リーダーとして活動するために必要な力を身につけていきましょう。

> ステップ5

＊リーダーの役割と態度について考えることができましたか。

＊あなた自身が地域の中でリーダーとして活動するときに，どのような力が必要とされるか理解できましたか。

学習の ねらい　＊学校での自治組織の運営経験を生かし，地域の自治活動に参加することができる。

11 自治組織

ステップ1　これは，品川区の防災組織図です。災害が起こったときのためにどのように組織されているか考えてみてください。

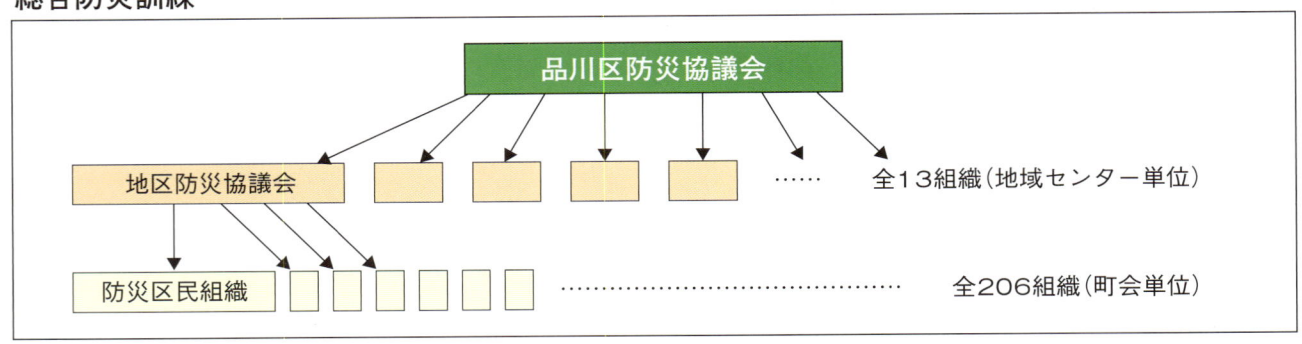

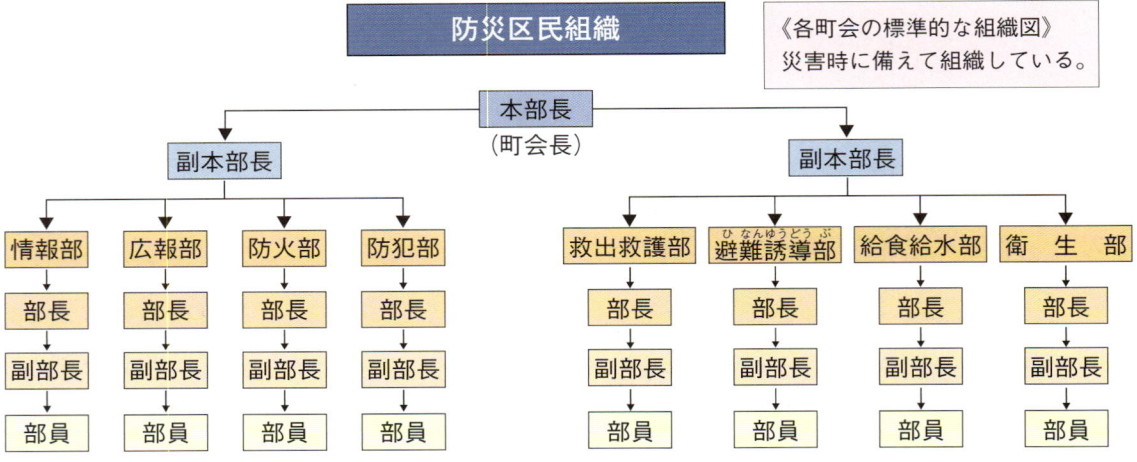

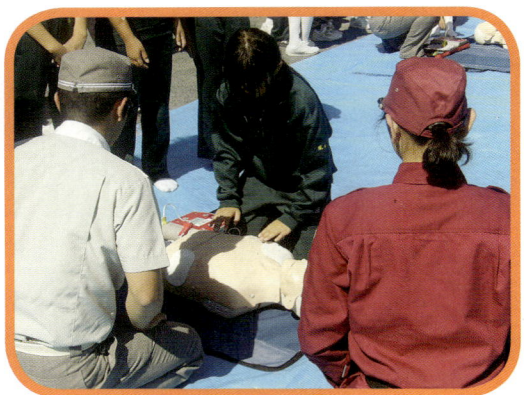

ステップ2　一人一人の積極的なかかわりが自治組織を支えている。

一般的な知識　自治…自分や自分たちのことを，自己の責任において処理すること。

●グループで取り組んでみましょう●
* 防災組織と生徒会組織を比べて，似ているところを考えてみましょう。
* 災害のときに地域の防災組織が機能するためにはどうすればよいか話し合ってみましょう。

ステップ3

●各自で調べてみましょう●
* 総合防災訓練のほかに，地域にはどのような活動があるか調べてみましょう。
* 地域活動に参加する方法を調べてみましょう。

●グループで取り組んでみましょう●
* 自分たちが参加できる地域の活動を見つけ，どのように全生徒に参加を呼びかけたらよいか考えてみましょう。
* 参加する方法を具体的に計画してみましょう。

ステップ4

* 自分たちで考えた参加を呼びかける広報活動や地域活動への参加方法を実践し，地域の活動に参加していきましょう。
* 学校での経験を地域の活動に生かしましょう。また，地域での自治活動の経験を学校でのさまざまな活動に生かしていきましょう。

ステップ5

* 学校や地域での活動における組織の重要性について理解できましたか。
* 自治組織を運営するために，どのように取り組んだらよいか，その方法が理解できましたか。
* 中学生も自治組織の運営に参加できることがわかりましたか。

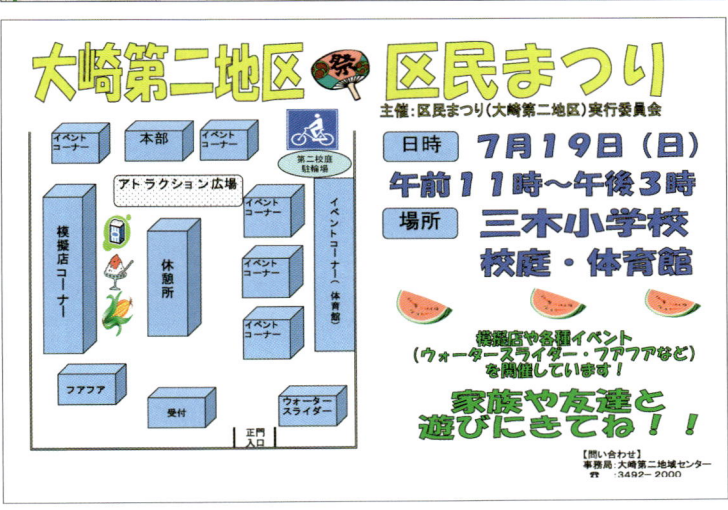

学習の
ねらい　＊わたしたちが住んでいる品川区の課題について，自分なりの施策を提案することができる。

12 地方自治への施策提案（しさく）

ステップ1　わたしたちの品川区はさまざまな施策を行っています。あなたは次のようなお知らせを見たことがありますか。

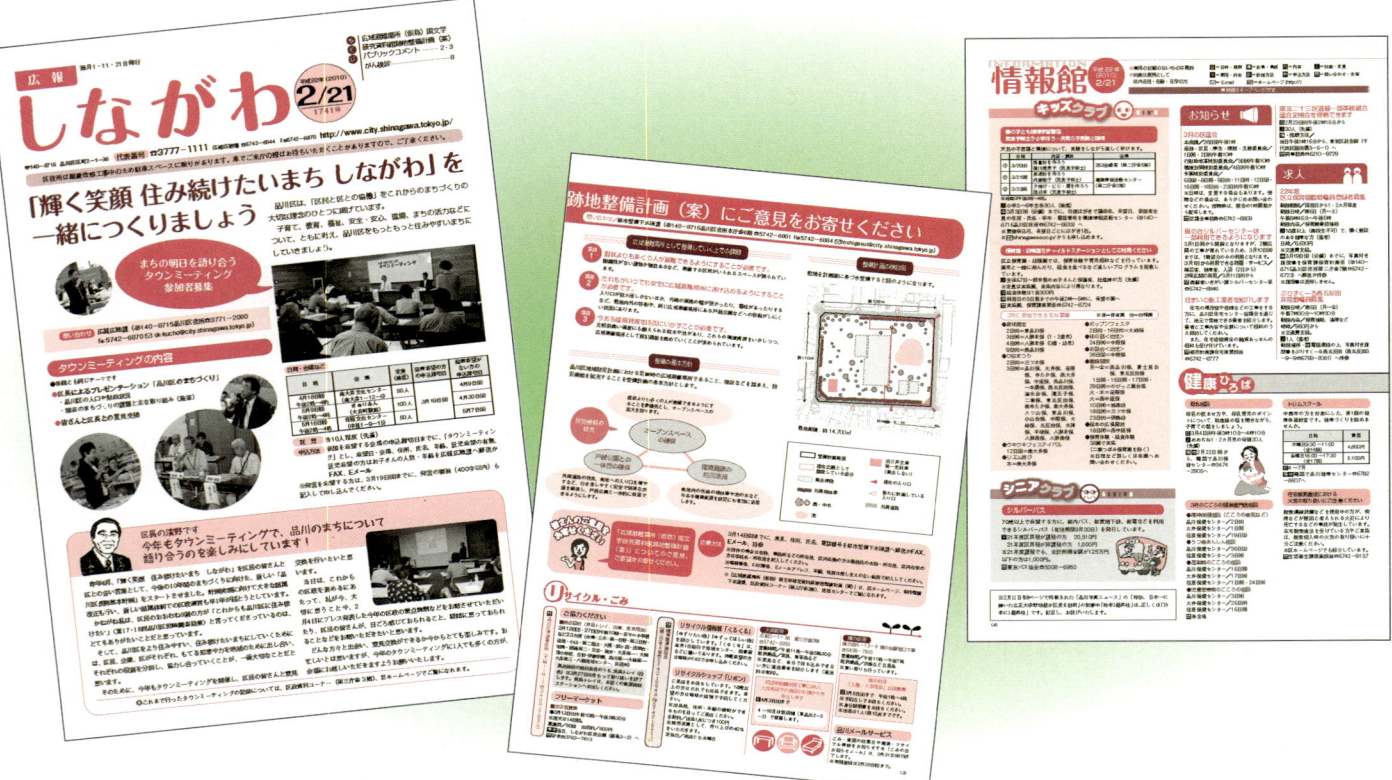

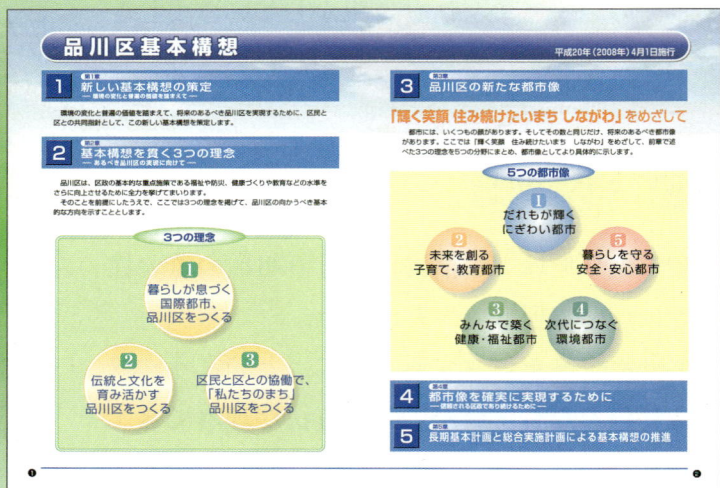

ステップ2　自分たちが，社会をつくっていくという意識をもつことが大切である。

ステップ3

わたしたちの品川区の施策を知るために，次のテーマについて調べてみましょう。
テーマ；「わたしたちの品川区は，どのような特色をもつまちづくりを行っているのだろうか。」

●各自で考察してみましょう●
＊品川区の条例から，わたしたちの品川区が目ざしているまちづくりについて考察してみましょう。

●グループで提言をまとめてみましょう●
＊グループ内で分担し，福祉，環境，保健，産業，教育などの分野別に，品川区の課題を見つけ，よりよいまちづくりを実現するための自分たちの提言をまとめてみましょう。

ステップ4

＊品川区の施策について詳しく知るためには，どのような方法が考えられるでしょうか。
　①品川区の広報を読む。
　②品川区にどのような公共施設があるかを調べ，実際に利用する。
　③そのほかにどのような方法があるでしょうか。考えてみましょう。

品川区のホームページを見れば、施策について詳しくわかるんじゃないかな。

▲品川区役所

ステップ5

＊品川区の施策について具体的に理解できましたか。
＊品川区が取り組んでいる施策が，わたしたちの生活にどのように役立っているかについて知ることができましたか。
＊よりよいまちづくりを実現するための自分の意見をもつことができましたか。

学習の
ねらい　＊日常生活において公正かつ公平な気持ちをもち，その場に対応した正しい行動ができる。

13 社会における正義

ステップ1　社会の出来事や人に対するあなたの正義とは，また，公正かつ公平な態度とはどういうことをいうのでしょうか。考えてみてください。

あなたの行動は正義に基づいていますか。また，公正かつ公平な考え方に即していますか。そして身近に不正な行為を見かけたら，あなたはどうしますか。

正義感は、お互いに大事にしたいよね。

ステップ2

正義感とは，不正を許容せず，正義を尊ぶ気持ちである。

一般的な知識

正義…人が行うべき正しいこと。

ステップ3

●グループで話し合ってみましょう●

＊ステップ1の「列に割り込む人」や「カンニングしてまでよい点をとろうとする行為」などに見られるような，身のまわりに起こりうる不正を出し合いましょう。そして，それらの不正に対して自分ならどのように対応するかについて，ディスカッションしてみましょう。

●各自で考えてみましょう●

＊正義に基づく中学生としての正しい態度とはどのようなものでしょうか。また，あなたが社会に出たとき，どのような正義感をもって生きていくべきかについて，下の記事を読んで考えてみましょう。

第954回
11月5日のニュースから

さて，5日の新聞では朝日新聞の夕刊に載っていた
この記事がええっ！？と目を引きますばい。

「雪印食品偽装　公表企業，廃業へ
　西宮冷蔵，売り上げ激減」

覚えているでしょうか？
あの一連の食品偽装問題の発端になった
「雪印食品」という会社。
偽装が問題になった後，消費者の過剰反応もあり，
あっという間に会社そのものが潰れてしまった。
潰れて当然という人もいるでしょうが，
安全上の問題は何もないのに
倒産までしてしまうのにはちょっと驚かされた。
私は今でも雪印食品は
生き残って欲しかったと思っている。
それはさておき，その偽装問題を最初に認めた，
というか，一種の内部告発をしたのが
今回記事になっている「西宮冷蔵」という会社だ。
記事によれば雪印食品の関西ミートセンターによる
偽装工作の現場になったのが西宮冷蔵で，
ここで行なわれていた雪印食品による
牛肉偽装工作を新聞社の取材に対し認めたという。
これが関係者による証言の初めてのものでここから
一気に偽装問題は大きくなっていった。
つまり雪印食品の偽装問題の文字通り
発端を作った会社で，
そこの社長，水谷洋一氏はある意味で
「勇気ある人物」として
社会に迎え入れられていった人だ，と思っていた。
ところが，この朝日の記事によると，
同社の売り上げの一割を占めていた
雪印食品分はもちろんなくなったわけで，
さらに事件後は冷凍食品会社や食肉会社など
大手を中心に荷の引き揚げが続き，
売り上げは前年度比4割までに落ち込んだという。
そういうことで西宮冷蔵としては
11月中にも会社を解散する方針を決めたんだという。
負債額は13億円だそうだ。
内部告発のこれが代償というわけだろうか？
記事によれば，水谷社長（49）は
「廃業は悔しいが，食の安全への
　関心を高めるきっかけを作れたことで
　意義はあった」
と話しているそうだ。
水谷さんは内部告発者の保護制度の制定を求めて
署名活動を続けていたそうだ。
一方で資金繰りを模索していたが，
国交省は会社の元社員が在庫伝票の改ざんに
関与したということで，
11月3日から7日間の営業停止処分をしていたという。
今ごろ何をするのかと思うけど。

（『ほぼ日刊イトイ新聞　鳥越俊太郎の「あのくさ こればい！」
第954回　11月5日のニュースから』から抜粋）

ステップ4

＊不正に対して正義感をもって対応していきましょう。

ステップ5

＊正義の意味が理解できましたか。
＊正義感をもって行動することができますか。

学習のねらい　＊自他の権利を重んじ，義務を果たしながら社会の秩序と規律を守ることができる。

14 法やきまりの価値

ステップ1 わたしたちはさまざまな法やきまりにのっとって生活しています。どうしてこれらの法やきまりが必要なのか考えてみてください。

スポーツにルールというきまりがあるように，社会にも日本国憲法をはじめとして，さまざまな法律や条例といったきまりがあります。

これらの法やきまりがなくなってしまったら，わたしたちの暮らしや社会はどうなるでしょうか。

ステップ2 社会の秩序を守るために，法やきまりがある。

一般的な知識

義務…しなくてはならない，あるいは，してはならないとされていること。
権利…一定の事柄をする，あるいは，しないことができるとされている自由。
[対義語として，「義務と権利」というように一緒に用いられることが多い。]

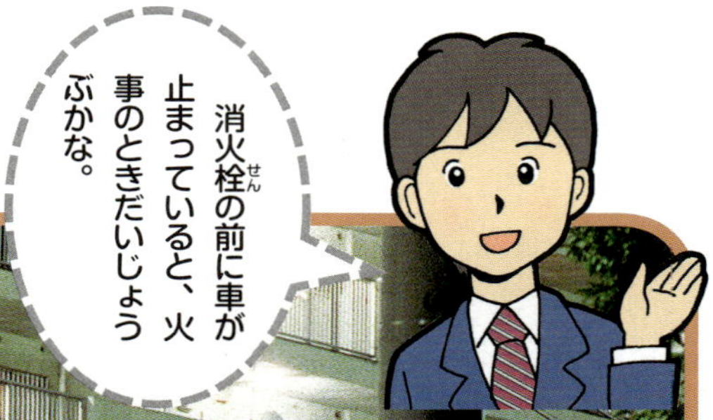
消火栓の前に車が止まっていると，火事のときだいじょうぶかな。

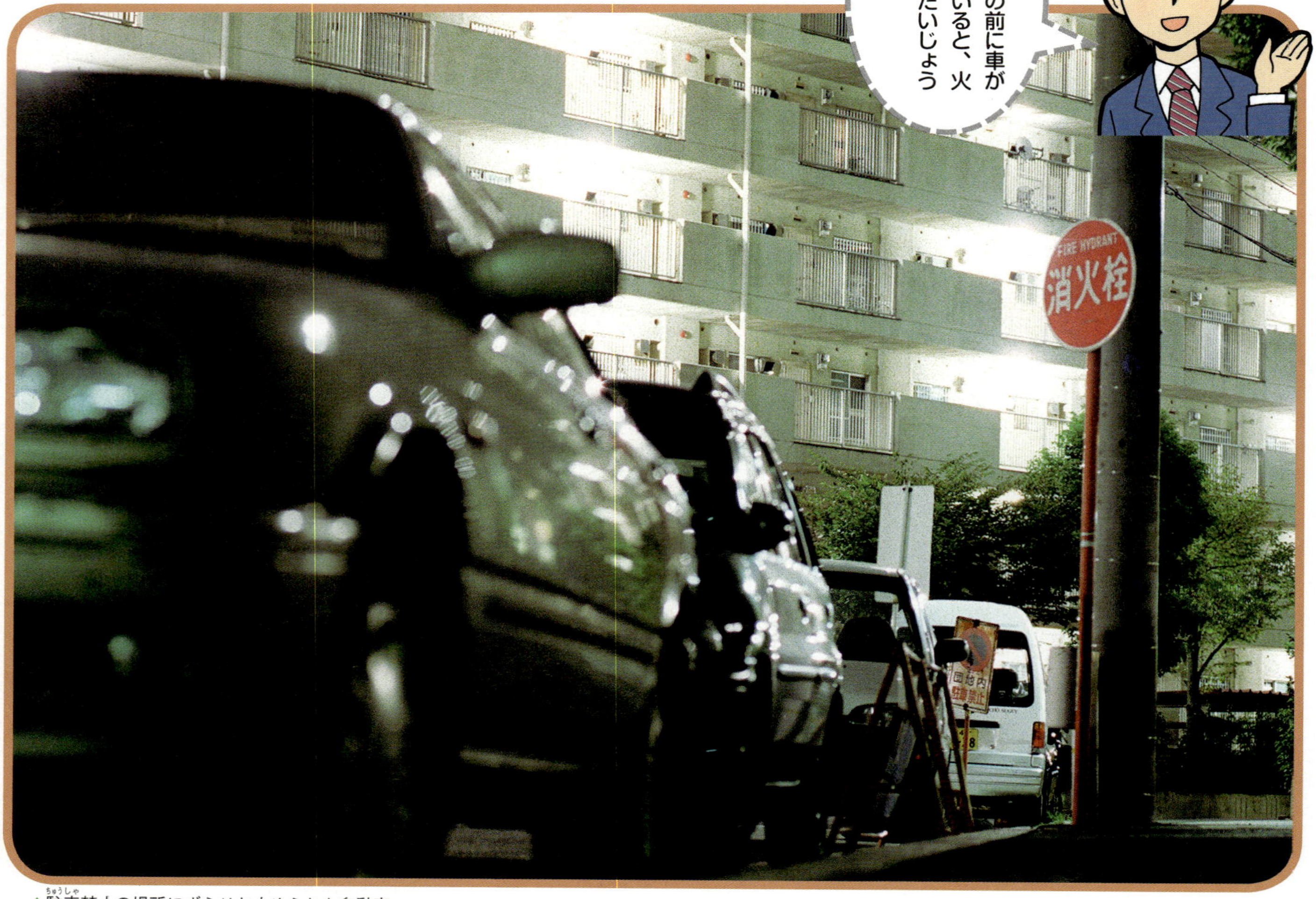
FIRE HYDRANT
消火栓

▲駐車禁止の場所にずらりと止められた自動車

ステップ3

●グループで調べてみましょう●
* 路上駐車や放置自転車は, どのような法に違反しているか調べてみましょう。
* 法を破ると, どのような罰則を受けることになるか調べてみましょう。

●グループでディスカッションしてみましょう●
* 法やきまりの必要性について話し合ってみましょう。
* 義務と権利について話し合ってみましょう。

ステップ4

* 法やきまりを守って生活していきましょう。
* 一人一人が互いに, 自分の権利と同様に他者の権利も尊重していきましょう。

ステップ5

* 社会の秩序が法やきまりによって保たれていることが理解できましたか。
* 法の下における義務と権利について理解できましたか。

▲駐輪禁止の場所にたくさんの自転車が止められ, 道をふさいでいる。

15 日本社会の動向への関心

学習のねらい ＊日本の諸問題に関心をもち，自ら情報を得ようとすることができる。

ステップ1　現在の日本はどのような状態なのでしょうか。
過去に新語・流行語大賞に選ばれた言葉から考えてみてください。

＊それぞれどのような事柄（ことがら）を表したものか調べてみましょう。

■2008年　トップテン

『グ〜！』
『アラフォー』
『上野の413球』
『居酒屋タクシー』
『名ばかり管理職』
『埋蔵金（まいぞうきん）』
『蟹工船（かにこうせん）』
『ゲリラ豪雨（ごうう）』
『後期高齢者（こうきこうれいしゃ）』
『あなたとは違（ちが）うんです』

■2009年　トップテン

『政権交代』
『こども店長』
『事業仕分け』
『新型インフルエンザ』
『草食男子』
『脱官僚（だつかんりょう）』
『派遣切り（はけんぎり）』
『ファストファッション』
『ぼやき』
『歴女（レキジョ）』

（「現代用語の基礎（きそ）知識」選　ユーキャン新語・流行語大賞：http://singo.jiyu.co.jp/）

> **ステップ2** 現在の日本には，さまざまな解決すべき課題がある。社会の一員として関心をもっていくことが大切である。

> **ステップ3**

* 流行語の背景にあるさまざまな社会的状況を調べてみましょう。
* さまざまな課題を生み出している原因は何でしょうか。そして，このような課題にわたしたちは，どのように対処していけばいいのでしょうか。
* 日本にとっての緊急の課題は何でしょうか。
* 調べたことを発表し合ってみましょう。

今年の新語・流行語大賞から考えてみよう。

消えた年金
空白2年以内 救済
厚労相が新基準案

(2009年11月26日　毎日新聞)

> **ステップ4**

* 新聞やニュースを見て，現在の日本の動向について調べてみましょう。
* 各自が調べたものについて，それぞれ報告してみましょう。

> **ステップ5**

* 現在の日本社会が直面する問題が理解できましたか。
* さまざまな問題とそれを解決する方策について，各自で調べて，情報を得ることができましたか。

学習のねらい ＊自分たちにできることを考えたり，ボランティア活動に参加したりすることができる。

16 積極的なボランティア・地域活動

ステップ1 ボランティア活動について考えてみてください。

地域清掃（せいそう）に参加して

　土曜日の朝の地域清掃に参加することは，最初めんどうだと思ったが，友達と一緒（いっしょ）に作業することは意外と楽しかった。道を歩くお年寄りの方に「偉（えら）いね」と声をかけられて照れくさかった。たばこの吸い殻（がら）や空き箱，スーパーのビニール袋（ぶくろ），飲み物の缶（かん）やペットボトルなどのごみが多く，植え込みや道路わきの排水溝（はいすいこう）の穴など，見えにくい場所，取りにくい場所に捨てられていた。自分もポイ捨てをしないように気をつけようと思った。

みんなで協力して、きれいな町にしたいね。

> **ステップ2**　ボランティアは，あたりまえの社会行動である。

> **ステップ3**

●体験から考えてみましょう●
* 地域の行事に参加した体験から，自分たちにできることを考えてみましょう。
* 高齢者や障害者の疑似体験から，自分たちにできることを考えてみましょう。
* これまで体験してきた事柄に共通して注意しなければいけないことには何があるでしょうか。

●グループで取り組んでみましょう●
* 地域ボランティアに参加する意義について話し合ってみましょう。
* 地域の環境や福祉などに関することの中から，何か自分たちにできることはないか，話し合ってみましょう。
* 話し合ったことの中から，実際に地域ボランティアに参加してみましょう。

> **ステップ4**

* 地域活動の中から自分にできることを見つけて，ボランティア活動として参加していきましょう。

> **ステップ5**

* ボランティアの意義とは何かについて理解できましたか。
* 地域の環境や福祉に関連して，自分たちにできることは何かを考えることができましたか。

学習のねらい　＊世界にはさまざまな習慣・文化があることを理解し，互いの生き方を尊重することができる。

17 異文化理解と尊重

ステップ1　次の写真からわかることは何でしょうか。考えてみてください。

▲燻製肉，チーズ，パンの食事。ナイフとフォークを使う。（オーストリア）

▲手を使っての食事。（ミャンマー）

▲季節に応じて移動を繰り返す遊牧民族が暮らす組み立て式のゲル。（モンゴル）

▲天日で乾かし固めた日干しれんがで造られた家。（トルコ）

▲日本の和服。現在でも冠婚葬祭の正装として用いられることが多い。（日本）

▲日中の気温が高い地域では衣服にも工夫が見られる。サリーもその一つである。（インド）

ステップ2　国際化は異文化の正しい理解から始まる。

ステップ3

●グループで取り組んでみましょう●

* 世界の国々の生活習慣の違いについて調べてみましょう。
* 生活習慣の違いが生じる背景として、文化、宗教、歴史などについても調べてみましょう。
* それぞれの国や人々の立場や考え方をまとめてみましょう。
* さまざまな文化をもつ人々と生活するためには、何がいちばん大切なのでしょうか。

▲ガンジス川で沐浴する人々

▲イスラム教の礼拝

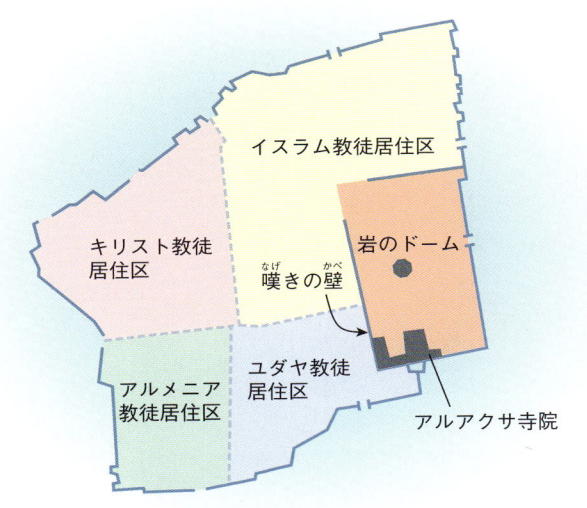

▲エルサレムの旧市街

▲神社の参拝

ステップ4

* 世界の国々に関するニュースや情報に注目し、異なる習慣、文化をもつ人々への理解を深めていきましょう。

ステップ5

* 世界には、異なる文化やさまざまな立場の考え方があることが理解できましたか。
* お互いの生き方を尊重することの重要性が理解できましたか。

学習の
ねらい　＊地域の行事に興味をもち，進んで参加し，地域の一員として行動することができる。

18 わたしたちのまちの伝統と文化

ステップ1

　各地で形成された行事がその地方の文化となり，受け継がれ，しだいに伝統となってきたように，日本にはさまざまな固有の芸能や産業があります。伝統として受け継がれてきたこれらの文化に目を向け，興味のあるものについて調べてみてください。

◀狂言

▲能

▶歌舞伎

▲漆器／輪島塗 　　▲陶磁器／薩摩焼

▲金工品／南部鉄器　　▲染色品／京友禅

36

ステップ2　地域の伝統・文化を受け継ぐのはわたしたちである。

▲理美容ばさみ製造

▲草木染め手織物

> わたしたちの町の行事や産業が、地域にどのように根づき、影響してきたのか考えてみよう。

▲ふれあい教室での紋章上絵

ステップ3

* 受け継がれてきた文化を担う人たちは、どのような願いをもってその技術を現代に伝えているのでしょうか。
* 伝統的な文化は、どのような苦労を伴って現代に受け継がれてきたのでしょうか。
* わたしたちは、身近にある伝統的な文化にどのようにかかわっていけばよいのでしょうか。
* 地域の伝統工芸に携わっている方にゲストティーチャーとして学校においでいただき、お話を伺いましょう。

ステップ4

* 地域の一員という意識をもって、地域の祭りなどに参加していきましょう。

ステップ5

* 伝統的な行事、芸能、産業などの文化がどのように守りはぐくまれてきたかについて理解できましたか。
* 地域の一員という意識で地域の行事にかかわるためには、どのような姿勢で取り組めばよいか考えることができましたか。

学習のねらい　＊家庭における伝統と文化に興味をもち，大切にすることができる。また，身近な人，祖先とのつながりを考えることができる。

19 家庭における伝統文化

ステップ1　1年の家庭行事には，どのようなものがあるでしょうか。あなたが知っているのはどれですか。

【1月】
正月（元旦）：1月1日。門松を立てて，とそ・雑煮で新年を祝う。
年賀状：新年のお祝いの言葉を葉書や手紙に書いて送る。
おせち料理：無病息災と子孫繁栄を願った料理。
七草：1月7日。春の七草を入れたかゆを食べる。

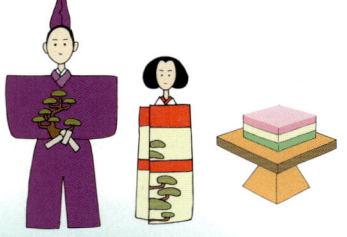

【2月】
節分：2月3日ごろ。イワシの頭を焼いてヒイラギの枝に刺して，豆をまく。

【3月】
ひな祭り（上巳の節句）：3月3日。桃の花やひな人形を飾る。
お彼岸：春分の日を中日として前後7日。お墓にお参りをして先祖の供養をする。

【5月】
こどもの日（端午の節句）：5月5日。鯉のぼりをたてて，武者人形を飾る。

【7月】
七夕：竹に色紙や短冊をつけて飾る。
お盆：うら盆7月15日。祖先の霊をまつり，盆踊りをして霊をなぐさめる。
暑中見舞：暑中に，葉書や手紙で知人に元気で過ごしているかどうかをたずねる。

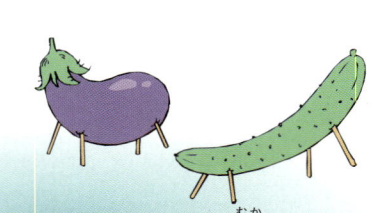

【8月】
お盆：祖先の霊をまつるため，門前で迎え火をたいて祖先の霊を迎え，また，送り火をたいてあの世へ送る。

【9月】
お彼岸：秋分の日を中日として前後7日。お墓にお参りをして先祖の供養をする。

【12月】
お歳暮：お世話になった人に品物を贈り，感謝の意を伝える。
すす払い：12月13日。すすを払い，新しい年を迎える準備をする。 
大晦日：12月31日。年越しそばを食べる。 

【その他（1年を通して）】
お茶：茶をたてる作法を通して礼儀も修める。
お花：生け花の作法を通して礼儀も修める。

ステップ2　家庭に残る伝統文化は，日本人として大切にしていくべきである。

●グループで話し合ってみましょう●

＊それぞれの家庭で行っている伝統行事や伝統文化を出し合い，由来や意義などについて話し合ってみましょう。

ステップ3

●各自でやってみましょう●

＊興味をもった伝統行事や伝統文化の由来，地方による違いや行事に応じた礼儀作法などについて調べ，まとめてみましょう。

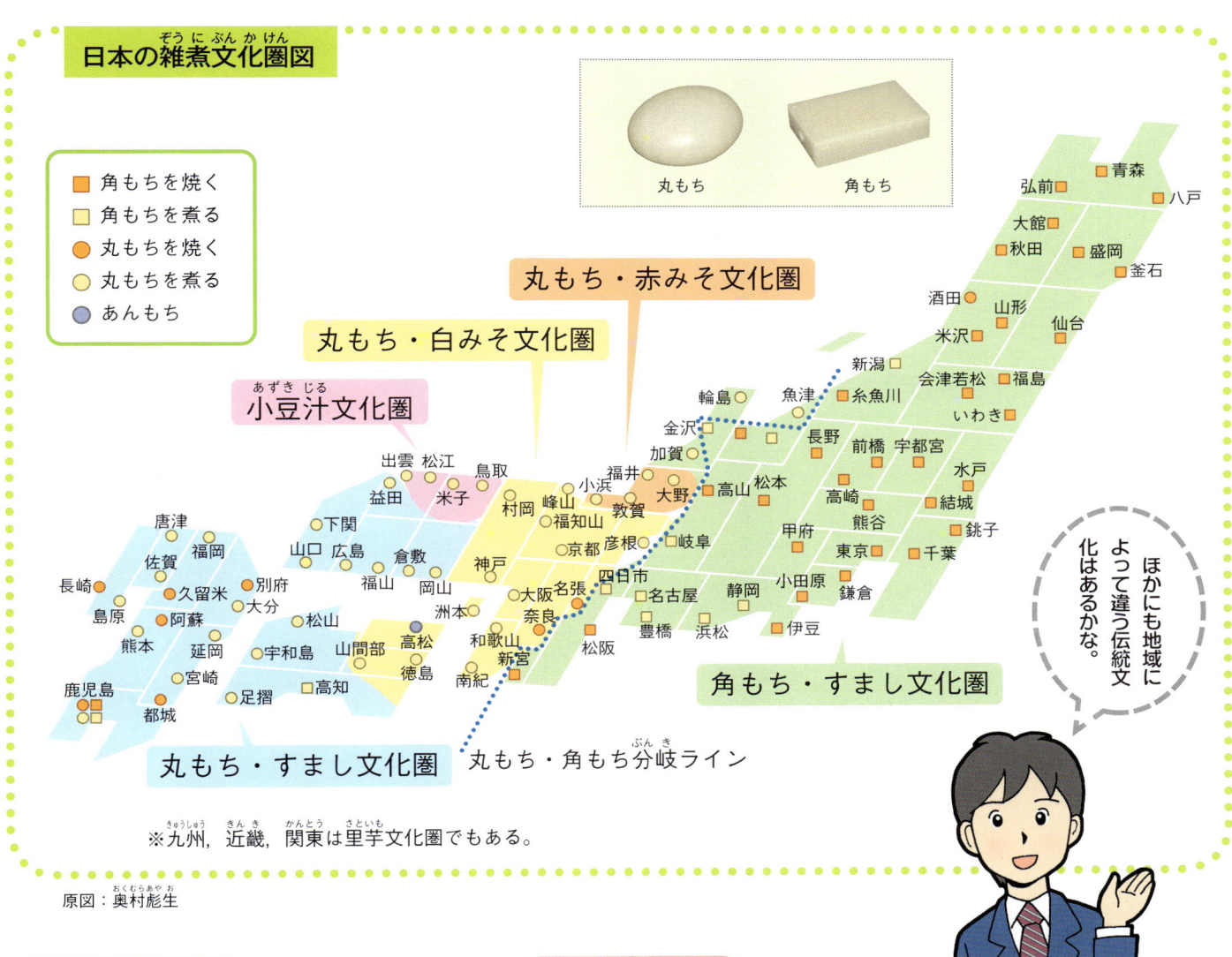

日本の雑煮文化圏図

- ■ 角もちを焼く
- □ 角もちを煮る
- ● 丸もちを焼く
- ○ 丸もちを煮る
- ● あんもち

丸もち
角もち

丸もち・赤みそ文化圏
丸もち・白みそ文化圏
小豆汁（あずきじる）文化圏
角もち・すまし文化圏
丸もち・すまし文化圏
丸もち・角もち分岐ライン

ほかにも地域によって違う伝統文化はあるかな。

※九州，近畿，関東は里芋文化圏でもある。

原図：奥村彪生（おくむらあやお）

ステップ4

＊生活の中から伝統文化を見つけていきましょう。
＊家族と協力して，伝統行事を行っていきましょう。

ステップ5

＊家庭での伝統行事や伝統文化の由来や意義などについて，理解できましたか。
＊行事や文化に応じた礼儀作法などについて，調べることができましたか。

学習の ねらい　＊学校行事を自分たちの力で企画・立案し，実行することができる。

20 企画力と実行力 〜文化祭を企画し，運営してみよう〜

ステップ1 今までの学校行事の企画・運営について振り返ってみてください。

＊全校朝会などの機会に，生徒会が各クラスの文化祭実行委員を募ってください。

ステップ2 計画を見直しながら，よりよいものを目ざしていく。

文化祭実行委員会係分担表

係	仕事内容	担当生徒	担当教員
総務	企画，交渉，計画，連絡調整	(　)(　)(　)	
開会の言葉	開会の言葉作成・発表	生徒会(　)	
閉会の言葉	閉会の言葉作成・発表	生徒会(　)	
審査発表	審査結果の発表	生徒会(　)	
司会進行	舞台司会進行，司会原稿作成，マイク出し入れ	生徒会(　)(　)　(　)(　)	
審査用紙回収	審査用紙配付および回収	生徒会(　)(　)	
広報	プログラム作成，表紙・裏表紙カットその他	(　)(　)　(　)(　)	
	生徒用パンフレット作成(原稿集め，印刷，製本)，配付	(　)(　)　(　)(　)	
	ポスター作成，掲示	(　)(　)　(　)(　)	
	めくりプロ作成，めくり担当	(　)(　)	
	看板制作，掲示	美術部	
会場準備	照明・放送機器	放送委員会	
	装飾(ステージ上のタイトル板)	(　)(　)	
	幕(暗幕，緞帳)	(　)(　)	
	出し入れ(ひな壇・楽器等)	全員で	
展示会場係	展示会場準備および展示作品の監視		

＊文化祭実行委員会を開いて，どのような文化祭にするかについて話し合いましょう。

＊文化祭のテーマを決定しましょう。

＊広報や会場準備など，文化祭実行委員一人一人の担当を決めましょう。次に，さらに具体的な仕事の内容と分担を確認しましょう。

P : plan
D : do
C : check
A : action

ステップ3 ●文化祭の準備をしましょう●

* 日程表に従って，計画的に準備を進めましょう。
* 全校生徒がP・D・C・Aを実践して，自分たちの文化祭に取り組みましょう。

日程表

月	日	曜	学校行事	実行委員／学級	合唱コンクール	舞台発表	展示発表
7	1	水	教育会			↑	↑
	2	木	小6体験授業				
	3	金	小6体験授業	↓ 実行委員募集期間(終)			
	4	土					
	5	日					夏休みを利用して、名札つけや台紙にはるなど下準備を進めておいてください。
	6	月	生徒会朝会	第1回実行委(1学期中の活動内容)			
	7	火	ふれあい学習(7)				
	8	水	合同研究会			2学期から活動できるように準備をお願いします。	
	9	木	職員会				
	10	金	委員会・評議会		クラス自由曲、課題曲・自由曲 伴奏者、指揮者 決定		
	11	土					
	12	日					
	13	月	学年朝会				できた作品から、
	14	火					
	15	水	保護者会				
	16	木					
	17	金	終業式・大掃除				
	18	土					
	19	日			↓		
	20	月					
	21	火	夏季休業(始)				
	22	水					↓
10	20	火		↑	↑合唱クラス練習		
	21	水	職員会合唱練習⑤				
	22	木	合唱練習⑥	(放課後舞台練習〜17:00)		↑舞台練習	
	23	金	合唱練習⑥	(放課後舞台練習〜17:00)			
	24	土	全体練習				
	25	日					
	26	月	合唱練習⑥	(放課後舞台練習〜17:00)			
	27	火	合唱練習⑥	(放課後舞台練習〜17:00)			
	28	水	小中合同音楽会・合同研究会				展示準備
	29	木	予行練習	全体練習(予行)⑤⑥(舞台リハ)			展示準備予備日
			合唱練習⑤・前日準備	舞台練習可	↓	↓	↓
	30	金	文化祭				

ステップ4

●文化祭を実施しましょう●

* 文化祭のテーマや目的を意識して取り組みましょう。
* うまくいかないことや不安に思うことがあったら，みんなと相談しながら仕事を進めましょう。そして，協力して文化祭を成功させましょう。

ステップ5

* 企画・立案の方法を理解し，自分たちの力で文化祭を開催することができましたか。
* 来年度の学校行事の企画・立案・実行に生かすことができるように，文化祭を振り返ることができましたか。

| 学習の
ねらい | ＊プレゼンテーションの方法を工夫して，学校のよさや伝統を伝えることができる。 |

21 学校をアピールする

ステップ1 地域に開かれた学校をつくるために，行事や部活動などの学校の様子を地域の方々にアピールしてみてください。

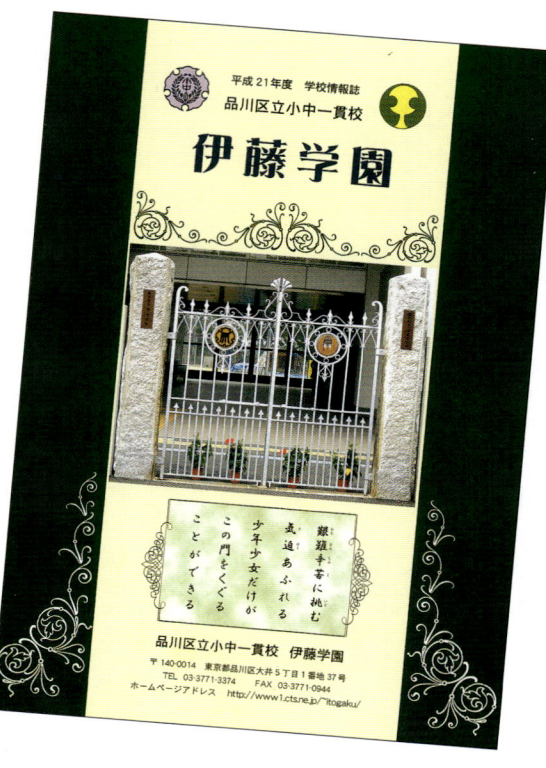

ステップ2

地域の方々に学校を紹介することは，学校に親しみをもってもらうためでもあり，また，学校の伝統を引き継ぐことでもある。

ステップ3

●グループで話し合ってみましょう●

＊歴史，校風，行事，部活動など，自分たちの学校に受け継がれてきたものについて話し合ってみましょう。

＊地域の方々にアピールできる学校の特色にはどのようなものがあるかについて話し合ってみましょう。

●各自で工夫してアピールしてみましょう●

＊プレゼンテーションの方法を工夫して，地域の方々に自分の学校の特色をアピールしてみましょう。

【アピールする対象】
- □近隣の小学校
- □学校説明会に来られた来校者
- □そのほかには，どのような方にアピールしたらよいでしょうか。

【アピールする方法】
- □ポスター
- □プレゼンテーションソフト
- □パンフレット
- □劇の形式
- □学校のホームページ
- □そのほかには，どのようなアピールの方法があるでしょうか。

（吹き出し）
- 聞き手の方を向いて話そう。
- 予定の時間に収まるように，内容を調整しよう。
- 伝わりやすいように，はっきり話そう。
- 写真やグラフを利用するなど，わかりやすいように工夫しよう。

（ボード）わたしたちの学校
- ○楽しい行事
- ○運動会
- ○宿泊行事
- ○七夕集会

＊自分たちの学校の特色を地域の方々にアピールする活動を下級生たちに引き継いでいきましょう。

ステップ4

＊自分たちの学校の歴史，校風，伝統などに関心をもち，それを伝承していきましょう。

ステップ5

＊自分たちの学校のよさや伝統に誇りをもつとともに，目的に応じたプレゼンテーションの方法を工夫してアピールすることができましたか。

学習のねらい ＊日本文化を理解し，継承するには何が必要か考え，方策を提言することができる。

22 日本文化を守る

ステップ1 多くの文化活動には長い歴史があります。
これらを未来に残していくために，何を考え，何を行っていけばよいか考えてみてください。

▲書き初め 毛筆で文字を書く貴重な機会となっている。

▲文字 日本語は日本文化継承の大切な手段である。

日本の中の世界遺産

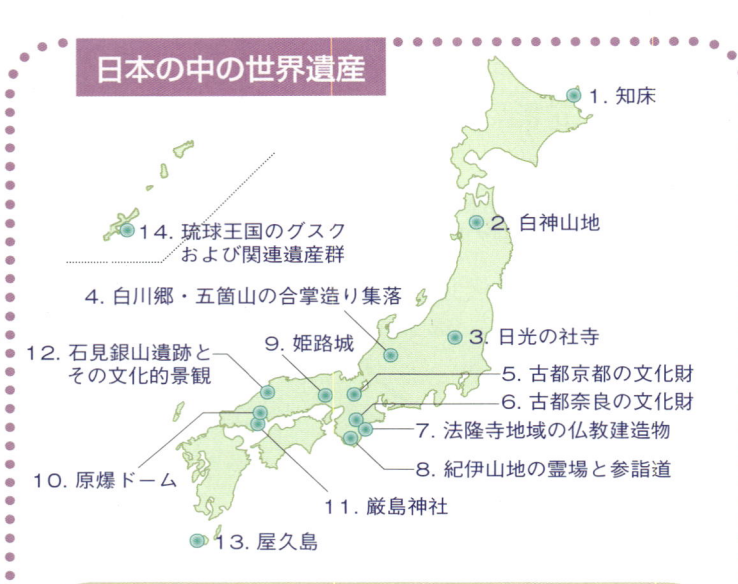

1. 知床
2. 白神山地
14. 琉球王国のグスクおよび関連遺産群
4. 白川郷・五箇山の合掌造り集落
12. 石見銀山遺跡とその文化的景観
9. 姫路城
3. 日光の社寺
5. 古都京都の文化財
6. 古都奈良の文化財
7. 法隆寺地域の仏教建造物
8. 紀伊山地の霊場と参詣道
10. 原爆ドーム
11. 厳島神社
13. 屋久島

1. 知床（しれとこ）
2. 白神山地（しらかみさんち）
3. 日光の社寺（にっこう）
4. 白川郷・五箇山の合掌造り集落（しらかわごう・ごかやま・がっしょうづくり）
5. 古都京都の文化財（きょうと）
6. 古都奈良の文化財（なら）
7. 法隆寺地域の仏教建造物（ほうりゅうじ）
8. 紀伊山地の霊場と参詣道（きいさんち・れいじょう・さんけいみち）
9. 姫路城（ひめじじょう）
10. 原爆ドーム（げんばく）
11. 厳島神社（いくしまじんじゃ）
12. 石見銀山遺跡とその文化的景観（いわみ）
13. 屋久島（やくしま）
14. 琉球王国のグスクおよび関連遺産群

▲薪能（たきぎのう） 平安時代に始まり，現在でも続いている。

（2005年10月4日 朝日新聞）

大学1年生 漢字が苦手
正答率4割弱 四字熟語は1割台

心配…必修化の動き

44

ステップ2　文化の継承には，たゆまぬ努力と優れた継承者が必要である。

▲本願寺　定期的に修復を行い，歴史的建造物を継承する。

▲若い世代に伝統芸能を伝えていく。

ステップ3

●日本文化について考えてみましょう●

* さまざまな日本文化から興味のあるものを選び，その内容や歴史，現在の状況について調べてみましょう。
* 日本文化の継承のために，どのような工夫がなされてきたかについて調べてみましょう。
* 日本文化について調べた結果を発表してみましょう。
* 今の自分たちにできることを考え，まとめてみましょう。

『日本文化のかたち百科』（丸善）

『英語訳付　日本文化ビジュアル事典』
（近藤珠實監修　池田書店）

●日本語について考えてみましょう●

* 日本語の成り立ちについて理解を深めましょう。

ステップ4

* 博物館や史跡を訪れて，国宝などの文化財について知識をもつようにしましょう。
* 毎日の生活の中で，日本語を正確に使うことを心がけましょう。

ステップ5

* 日本文化の継承のための方策を考えることができましたか。
* 日本語の重要性に気づくことができましたか。

学習のねらい　※学び続けることの大切さを知り，自己実現のための目標をもつことができる。

23 自己実現のために

ステップ1　偉業を達成した人は，学ぶ努力を続けることができた人ばかりです。彼らはどんな気持ちで学んでいたのでしょうか。

北里柴三郎

　北里柴三郎は，子供時代はわんぱくでガキ大将，勉強は親に言われてしぶしぶやる程度で，友達と遊んでばかりいました。軍人になりたいと思っていた柴三郎でしたが，家の事情で熊本医学校に入学しました。そこのオランダ人教師との出会いが，柴三郎がヨーロッパの進んだ医学を学ぶきっかけとなりました。

　柴三郎は人が変わったように猛勉強を始め，東京医学校に進学しました。卒業後は内務省の衛生官になり，選ばれてドイツに留学。当時の細菌学の最高権威者・コッホの研究室に入りました。ここで，不可能といわれていた破傷風菌の培養に成功し，さらに破傷風は菌のもつ毒によって起こることを発見しました。そのうえ，その治療法である血清療法も発見。帰国後には，ペスト菌を発見しています。

　柴三郎はまた日本初の伝染病研究所を開設。めざましい業績をあげるとともに，志賀潔や野口英世など，多くの優れた研究者を育てました。

田中耕一

　2002年12月，ノーベル化学賞を受賞した田中耕一さんは，先端機器・装置を製造する会社に勤めるエンジニアでした。それまで自然科学のノーベル賞といえば，大学教授や博士に授与されることがほとんどでしたので，田中さんの受賞は大きな驚きと喜びをもって人々に受け入れられました。

　耕一少年が生まれ育った富山市は，まわりを山や海に囲まれた美しい地方都市です。ここで18歳まで過ごした田中さんは，豊かな自然の中で科学に対する好奇心をはぐくみ，職人だった父を通してものづくりのおもしろさを知るようになりました。学校では，こつこつとまじめに勉強するタイプで，成績はもちろん優秀。小学生の時から理科の実験が大好きで，放課後も理科実験室に通っては，翌日の授業の準備をする先生の手伝いをしていたといいます。

　大学卒業後は，京都にある機器・装置メーカーに就職。与えられた仕事は大学で専攻した電気工学とは異なる化学分野の研究でしたが，もちまえの探究心で朝から晩まで実験に没頭しました。そして，入社2年めのある日，まちがって材料を混ぜてしまいました。失敗作ではあるが試してみようと思って行ったこの実験が，のちにノーベル化学賞受賞の対象となる「高分子のソフトレーザー脱離イオン化法」※の開発につながったのでした。田中さんが成し遂げた仕事は，偶然の産物というよりも，こうした地道な実験の積み重ねの結果だったのです。

　受賞後は一躍有名になり，報道でも大々的に取り上げられた田中さんですが，現在も一人のエンジニアとして現場にこだわり，ものづくりに励んでいます。人々の役に立つ装置の開発を目ざして，実験に真摯に取り組む日々を送っています。

※ タンパク質のような大きい分子の質量を量る方法

> **ステップ2** 自分の夢や希望をかなえ，未来を切り開くためには，学び続けなければならない。

> **ステップ3**

● 各自で取り組んでみましょう ●

* あなたの考え方，生き方に影響を与えた出来事，偉人・先人の生き方はありますか。思い出してみましょう。
* あなたはどのような夢をもっているのか，また，どのように自己実現を果たして，どのような人生を送りたいと思っているかについて考えて，それらをまとめてみましょう。
* あなた自身が自己実現をかなえるためには，どのような目標を設定し，また，どのような課題を乗り越えていかなければならないかについて考えてみましょう。

● クラスや学年で話し合ってみましょう ●

* 中学生の意識調査の結果について，それぞれどんな感想をもちましたか。
* 互いがもつ将来への夢や人生観を紹介し合いましょう。

[「あの人のような生き方をしたいな」と思える人が…]

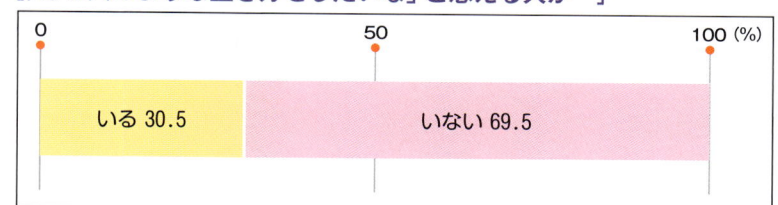

	%
いる	30.5
いない	69.5

[人生についての考え方] 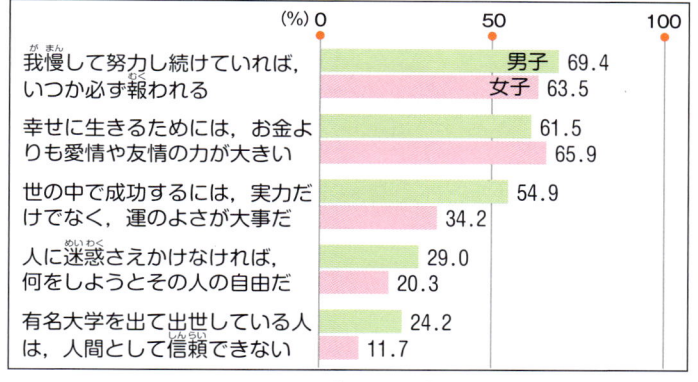　「すごく」＋「どちらかといえば」賛成の割合

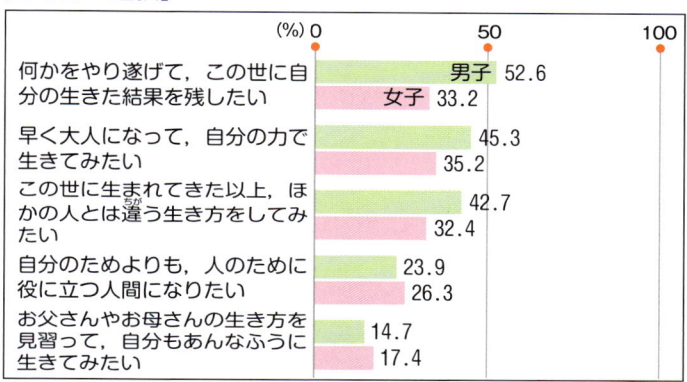

	男子	女子
我慢して努力し続けていれば，いつか必ず報われる	69.4	63.5
幸せに生きるためには，お金よりも愛情や友情の力が大きい	61.5	65.9
世の中で成功するには，実力だけでなく，運のよさが大事だ	54.9	34.2
人に迷惑さえかけなければ，何をしようとその人の自由だ	29.0	20.3
有名大学を出て出世している人は，人間として信頼できない	24.2	11.7

[生き方の選択]　「そうしたい」割合

	男子	女子
何かをやり遂げて，この世に自分の生きた結果を残したい	52.6	33.2
早く大人になって，自分の力で生きてみたい	45.3	35.2
この世に生まれてきた以上，ほかの人とは違う生き方をしてみたい	42.7	32.4
自分のためよりも，人のために役に立つ人間になりたい	23.9	26.3
お父さんやお母さんの生き方を見習って，自分もあんなふうに生きてみたい	14.7	17.4

（アンケート調査の結果：ベネッセ教育研究開発センター「モノグラフ・中学生の世界VOL.58」1997年）

> **ステップ4**

* 品川区の「中学生主張大会」の発表を聞いて，ほかの中学生の考え方にもふれましょう。
* 自己実現を達成するための目標を意識して生活しましょう。

> **ステップ5**

* 学び続けることの意義を理解できましたか。
* 自分の生き方について，目標を立て，課題を明らかにすることができましたか。

> 学習の
> ねらい　＊これまでの人生を振り返り，将来への展望をもつことができる。

24 人生を振り返る

ステップ1 あなたはこれまでの15年間をどのように過ごし，どんな人たちに支えられてきたか，家族の方に聞いたり，思い出したりしてください。

	出来事・支えてくれた人	日本と世界の情勢
1997年		香港（ホンコン）がイギリスから中国に返還（へんかん）される
〜		長野冬季オリンピックが開催（かいさい）される
		ＮＡＴＯによるユーゴ空爆（くうばく）
		九州・沖縄（おきなわ）サミットが開催される
		アメリカ同時多発テロ事件
		日韓（にっかん）共催でサッカーワールドカップが開催される
2003年		イラク戦争開戦
2004年		スマトラ島沖（おき）地震（じしん）発生
2005年		「愛・地球博」（愛知万博（ばんぱく））が開催される
2006年		第1回WBC大会で日本が優勝する
2007年		郵政民営化スタート
2008年		世界金融（きんゆう）危機
2009年		新型インフルエンザの世界的流行
2010年		
2011年		
2012年		

ステップ2 たくさんの人に支えられた自分の成長は，将来へ続いている。

ステップ3

* これまでの15年間とその先にある将来の自分について想像し、義務教育が終了する今の気持ちや決意を文章にまとめてみましょう。

□ 15年間の歩みの中で味わった感動や喜びはどんなときだったか。
□ 苦しかったときや悩んだときにどのように乗り越えてきたか。
□ 5年後、10年後、20年後に自分がどのような生活を送っていたいと思うか。
□ 自分が目ざす人生とはどのようなものか。そのためにはどのようなことを意識して生活したらよいと思うか。

うれしかったこと
悲しかったこと
人生を変えた出来事
感動したこと
大切にしたいこと
理想の自分
つらかったこと
がんばりたいこと

文集にまとめてみよう

ステップ4

* 書き上げた作文を友達や先生、家族の方、お世話になった方々に読んでいただきましょう。

ステップ5

* 自分のこれまでの15年間を振り返ることができましたか。
* 自分のこれからの人生について、真摯に考えることができましたか。

学習のねらい ＊自分の生き方についての座標軸をもつことができる。

◆ 生き方の座標軸

ステップ1 格言は，生活に広がりと深みを与え，人生の教訓を示してくれます。

【格言クイズ】

1　次の格言の空欄に入る言葉を選び，その理由を答えましょう。

（1）人間は四十を越すと，だれでも自分の〔　　　〕に責任をもたねばならない。
※ヒント：色が変わったりするものです。
①言葉　　②顔　　③行動

（2）険しい丘に登るためには，最初に〔　　　〕歩くことが必要である。
※ヒント：最初からあまりがんばると途中でつらくなります。
①ゆっくり　　②楽しく　　③黙って

（3）成功が努力より先にくるのは〔　　　〕の中だけである。
※ヒント：秋が春より先にくるのは五十音順に並べたときです。
①空想　　②計画　　③辞書

（4）人間は一本の葦にすぎない。しかし人間は〔　　　〕葦である。
※ヒント：他の動物と違う人間の特徴は何ですか。
①助け合う　　②自分を知る　　③考える

（5）きみの欲しいと思うものを買うな。〔　　　〕ものだけを買いなさい。
※ヒント：すぐに使うものを買いましょう。
①今買える　　②必要な　　③皆が持っている

2　次の格言を残した人はだれでしょうか。選んで答えましょう。

（1）人間はその本性において社会的動物である。
※ヒント：ギリシャの哲学者。
①ヘーゲル　　②トルストイ　　③アリストテレス

（2）天才とは99パーセントの汗であり，残りの1パーセントが霊感である。
※ヒント：アメリカの発明家。
①ディズニー　　②エジソン　　③レオナルド＝ダ＝ヴィンチ

（3）足場さえあれば，地球も動かすことができる。
※ヒント：ギリシャの数学者・物理学者。
①ニュートン　　②アインシュタイン　　③アルキメデス

ステップ2
格言には生きるためのすべが隠されている。

ステップ3

●各自で取り組んでみましょう●

✳︎ 自分の好きな格言を見つけてみましょう。
✳︎ その格言を残した人物について調べてみましょう。
✳︎ その格言から感じたことや考えたことについてまとめてみましょう。
✳︎ あなたが見つけた格言をあなたの生き方に役立ててみましょう。

●クラスで紹介し合ってみましょう●

✳︎ それぞれが選んだ格言をクラスの中で紹介し合ってみましょう。

> 自分の生き方に影響を与えてくれる格言を見つけよう。

ステップ4

✳︎ 格言から自分なりの座標軸をつくっていきましょう。
　□困難にぶつかったとき
　□緊張したとき
　□決断に迷ったとき

ステップ5

✳︎ 自分の好きな格言，自分にふさわしい格言を見つけることができましたか。
✳︎ 格言を自分の日々の行動に役立てることができますか。
✳︎ 自分の考えのよりどころとなる座標軸をもつことができましたか。

p.50の答え　1 (1)② (2)① (3)③ (4)③ (5)② 　2 ①③ (2)② (3)③

学習の
ねらい ＊学校や地域社会のために活動する自己に存在意義を見いだし，進んで貢献しようとすることができる。

25 地域社会への貢献

ステップ1

皆さんも社会の一員です。皆さんは社会の一員として，それぞれの地域でどのような社会貢献をしていますか。日々の生活を振り返ってみましょう。

ステップ2 地域への貢献は責任ある社会的行動である。

ステップ3

●グループで調べてみましょう●

* 中学生が参加できる地域の活動としては、どのような社会貢献があるかについて調べてみましょう。
* 地域とかかわる取り組みとして実践（じっせん）されている活動を、近隣（きんりん）の中学校の事例から調べてみましょう。

▲中学校の掲示板（けいじばん）

> 自分たちにできることから始めよう。

●各自で取り組んでみましょう●

* 社会貢献として自分にできること、できる活動を見つけて、地域で実践していきましょう。

▲大崎（おおさき）ミニポンプ隊

> まず、自分の身近な地域をよくすることを考えてね。家の前の道路を掃（は）くとか、ほんのちょっとしたことに気づいて実践する。そして毎日続ける態度を身につけてほしいと思います。

ステップ4

* 一人一人が地域社会の一員としての自覚をもち、ふさわしい態度を身につけていきましょう。

ステップ5

* あなたが学校や地域で果たさなければならない社会的な役割について自覚できましたか。
* 日常の中で地域社会に貢献する活動に取り組むことができると思えましたか。

学習のねらい　＊社会に対して，自分がかかわれることに積極的に取り組み，社会貢献（こうけん）の意識をもつことができる。

26 社会の一員としての活動

ステップ1　皆（みな）さんは，品川区の「品川区議会だより」を読んだことがありますか。

> ステップ2　自分が暮らす地域や自治について知ることは，社会へのかかわりの第一歩である。

ステップ3

品川区の議会に関する学習を通して，地方自治と社会貢献について考えてみましょう。

●各自で取り組んでみましょう●

* 品川区議会に見られる地方自治の役割と仕組み，取り組みなどについて調べてみましょう。
* 地方自治について調べたことを発表し，役割や仕組み，取り組みについて理解を深めましょう。
* 自分がかかわることができる地方自治の活動があるかについて調べてみましょう。

●クラスで討論してみましょう●

* 地域が抱えるさまざまな課題について，中学生として考え，クラスで討論してみましょう。

ステップ4

●地方自治の取り組みについて関心をもっていきましょう●

* 中学生のわたしたちが地域への社会貢献を果たすためには，社会とどのようにかかわればよいでしょうか。具体的に考えていきましょう。

ステップ5

* 地方自治の役割と取り組みについて理解し，関心をもつことができましたか。
* 自分がかかわれることに，積極的に取り組むことができるようになりましたか。
* 社会貢献の意識をもつことができるようになりましたか。

学習のねらい ※幼稚園や保育園で実践した保育実習の体験を通して、自分の社会的役割を理解することができる。

◆ 育児に関する理解

ステップ1 皆さんは、保育実習の体験から、育児について感じたり、学んだりしたことがあると思います。今、育児に関してどのような社会問題があるか調べ、話し合ってみてください。

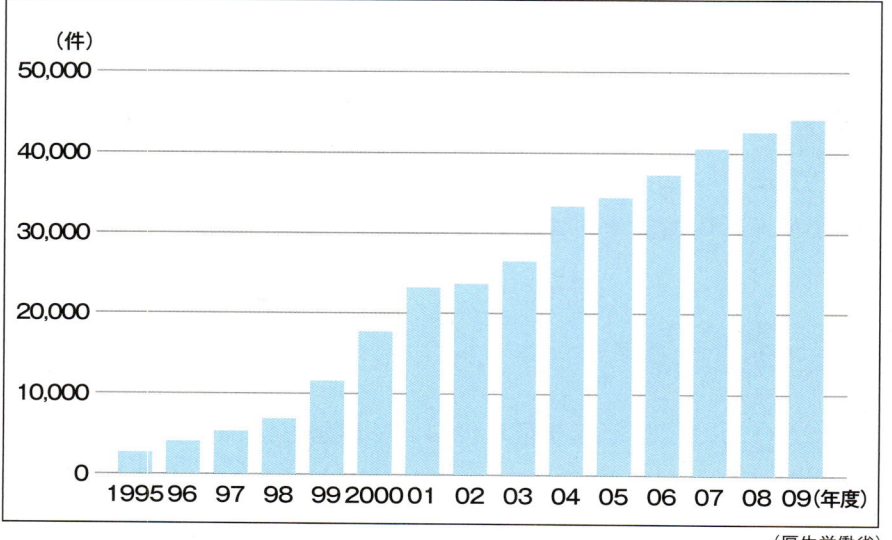

- 夫が育児に協力しない。
- すぐに泣くし、なかなか泣きやまない。
- 食事をつくっても食べてくれない。
- 順調に成長しているだろうか。
- なかなか保育園に入園できない。
- 育児について相談する人がいない。

育児に不安を感じるお母さんが多いんだね。

[児童虐待相談対応件数]

（厚生労働省）

ステップ2　育児は個人の問題だけでなく，社会全体の役割でもある。

ステップ3

●グループで話し合ってみましょう●

＊保育実習で感じたことや学んだことをもとに，小さい子どもに接するときの留意点についてグループでまとめてみましょう。

> お世話をするというよりも，成長してほしいという気持ちで接することが大切だね。

＊大人になったら，どういう父親・母親になりたいかについて話し合ってみましょう。また，出された意見をグループごとに発表してみましょう。

●各自で話を聞いてみましょう●

＊身近な大人の人に，育児の体験についてのお話を聞かせていただきましょう。

ステップ4

＊機会があれば，保育実習でお世話になった保育園や幼稚園で定期的にお手伝いをしていきましょう。
＊将来，自分が親になることもふまえて，育児に関する社会問題に関心をもっていきましょう。

ステップ5

＊保育実習の振り返りが十分にできましたか。
＊育児について興味，関心をもちましたか。

学習のねらい ＊働くことの意義や大切さを理解し，職場体験の準備に取り組むことができる。

27 職場体験〈1〉

ステップ1 次の写真は品川区の中学生が職場体験に取り組んでいる場面です。これらの写真から感じたこと，思ったこと，気づいたことについて話し合ってみてください。

＊次の感想文から，それぞれの思いの違いを読み取ってみましょう。

職場体験に取り組んだ感想

興味のあった仕事だったので，楽しくできるかと思っていたけれど，実際は，見えていないところでたくさんの仕事があることに驚いて，少しやる気をなくした。でも，いろいろな人と話をして，大変だけど，みんな協力してがんばっていることがわかった。

職場体験を受け入れてくださった職場の方の言葉

最初は，遊び半分で真剣さが足りないようで，けがでもしないかと心配だったが，注意を受けたり，失敗を繰り返していくうちに，顔つきも変わり動きもよくなってきた。短い期間だったが，多少はわたしたちと同じ気持ちになれたのではないだろうか。同じ目的に向かって社員全員が協力し努力していることを感じてくれれば，よい経験になったと思う。

| ステップ2 | あらゆる職場は協力によって成り立っている。

| ステップ3 |

●職場体験の準備に取り組みましょう●

〈トレーニング1〉
* 職場体験を行うときに大切なことは何でしょうか。
* 職場体験で学びたいことや疑問に思っていることをまとめてみましょう。

〈トレーニング2〉
* 職場体験を想定したシナリオを作り，そのシナリオに基づいて，職場体験当日のシミュレーションを行ってみましょう。
（ロールプレイング学習）
* 電話での対応やお客さんへの対応などの想定される場面を職場ごとに出し合って，シナリオを作ってみましょう。
* 完成したシナリオを先生に見ていただき，言葉づかいなどをチェックしてもらいましょう。

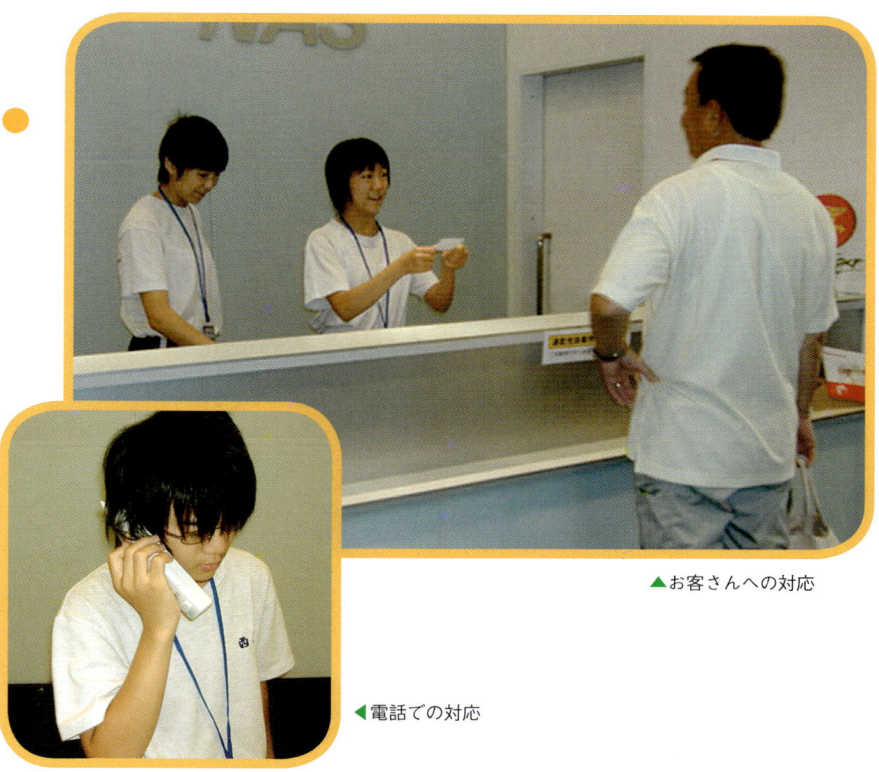

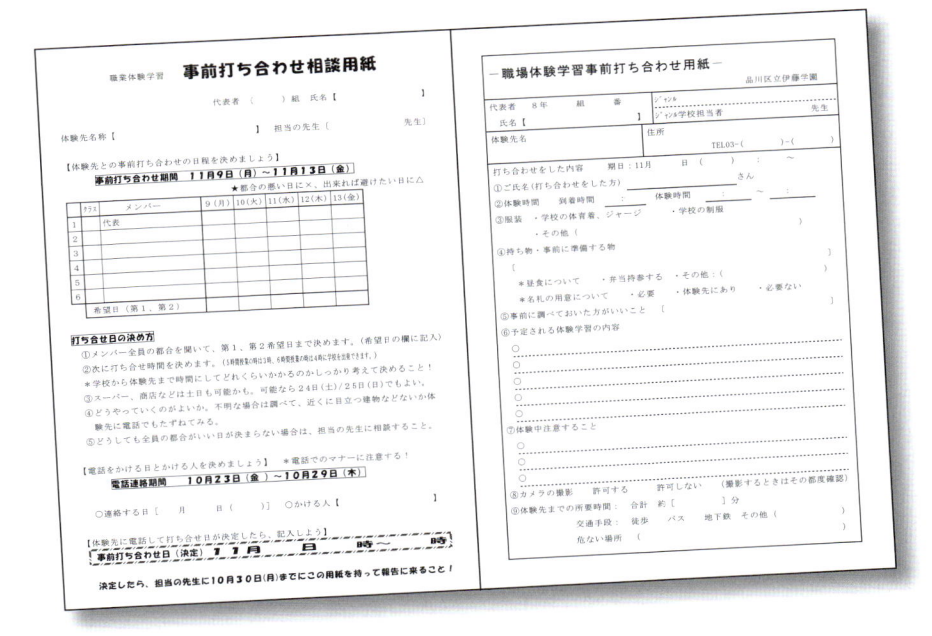

▲お客さんへの対応

◀電話での対応

| ステップ4 |

* シナリオの作成と職場体験のシミュレーションによるロールプレイングを行ってみて，職場体験の当日までに準備しておかなければならないことには，どのようなことがあったでしょうか。

| ステップ5 |

* 働くことの意義や大切さが理解できましたか。
* 職場でのマナーを理解し，正しい言葉づかいや行動ができるようになりましたか。
* 職場体験の準備はできましたか。

学習のねらい　＊これからの進路について、目標を立てることができる。

28 職場体験〈2〉

ステップ1　職場体験を振り返ってみてください。

＊職場体験を受け入れてくださった職場の方々は、職場でのわたしたちにどのような感想をもたれたでしょうか。

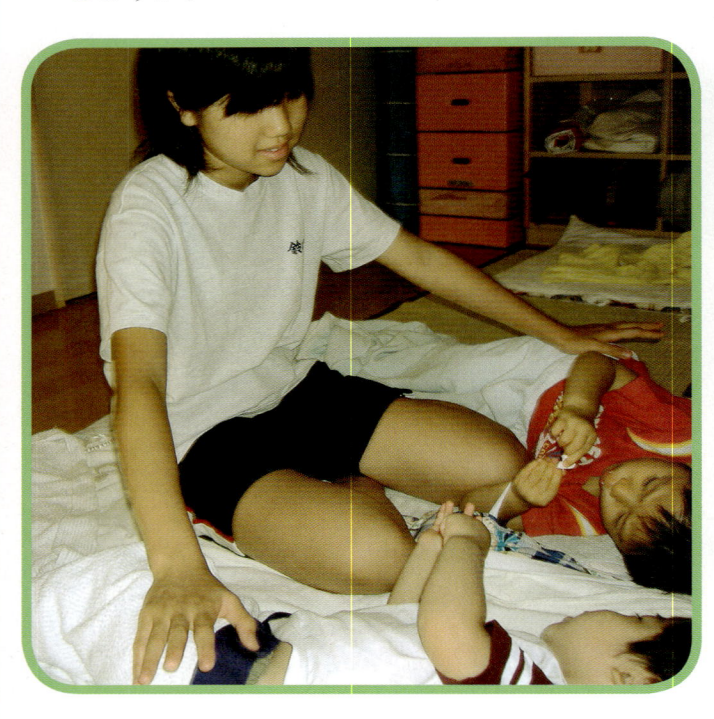

＊次の資料からは、どのようなことがわかるでしょうか。考えてみてください。

[仕事に就けない理由の年齢ごとの割合]

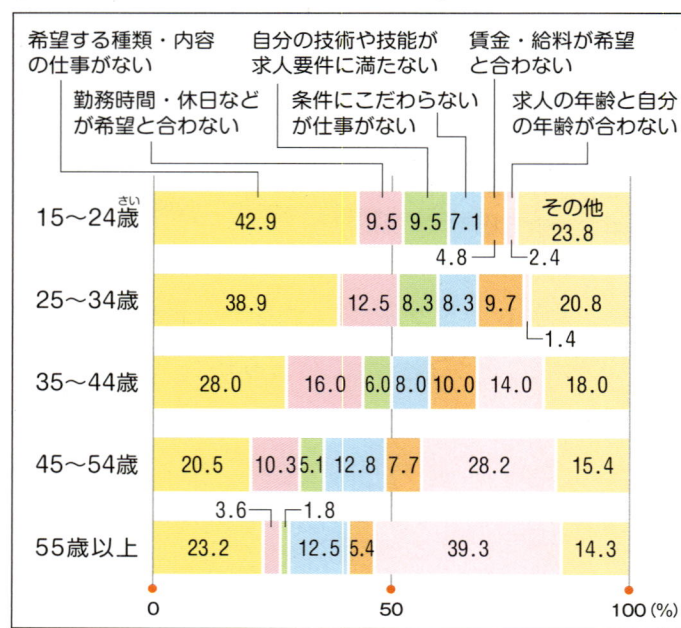

凡例：
- 希望する種類・内容の仕事がない
- 自分の技術や技能が求人要件に満たない
- 賃金・給料が希望と合わない
- 勤務時間・休日などが希望と合わない
- 条件にこだわらないが仕事がない
- 求人の年齢と自分の年齢が合わない
- その他

年齢	希望する種類・内容の仕事がない	自分の技術や技能が求人要件に満たない	賃金・給料が希望と合わない	勤務時間・休日などが希望と合わない	条件にこだわらないが仕事がない	求人の年齢と自分の年齢が合わない	その他
15～24歳	42.9	9.5	9.5	7.1	4.8	2.4	23.8
25～34歳	38.9	12.5	8.3	8.3	9.7	1.4	20.8
35～44歳	28.0	16.0	6.0	8.0	10.0	14.0	18.0
45～54歳	20.5	10.3	5.1	12.8	7.7	28.2	15.4
55歳以上	23.2	3.6	1.8	12.5	5.4	39.3	14.3

（総務省統計局「労働力調査」〈2008年〉）

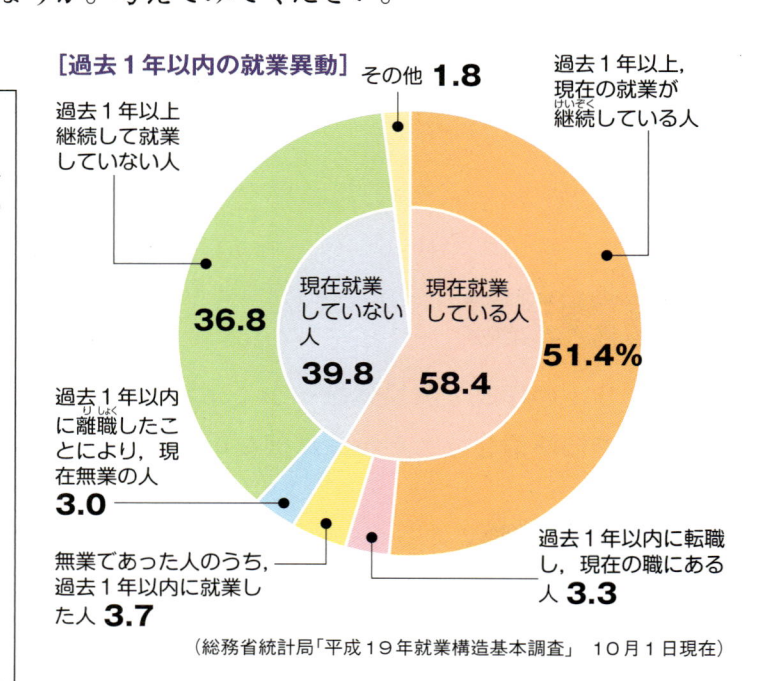

[過去1年以内の就業異動]

- 過去1年以上、現在の就業が継続している人　51.4%
- 過去1年以上継続して就業していない人　36.8
- 過去1年以内に離職したことにより、現在無業の人　3.0
- 無業であった人のうち、過去1年以内に就業した人　3.7
- 過去1年以内に転職し、現在の職にある人　3.3
- その他　1.8
- 現在就業している人　58.4
- 現在就業していない人　39.8

（総務省統計局「平成19年就業構造基本調査」10月1日現在）

ステップ2

働くことは義務である。前向きに仕事に取り組むことで，やりがいや生きがいを見つけていくことができる。
　また，自分の適性を見きわめ，職業を選ぶことも，よい仕事をするために重要である。

職業適性…自分の適性を生かせる職業に就くためには，自己分析（自分自身について深く知ること）と職業分析（職業についてのさまざまな視点からの理解）が必要になります。

ステップ3

●自分の適性を確認してみましょう●

* ステップ1の資料から読み取った内容と自分の適性チェックの結果をふまえたうえで，職業適性について考えてみましょう。
* 自分に合っていると思う職業について調べてみましょう。

進路適性調査

年　組　番　氏名

あなたはふだん，どんなことを感じ，どんな行動をとっていますか。次の1から60までの文章を読んでどのくらいあなたにあてはまるか考え，下のAからDの決まりにしたがって回答用紙に記入しなさい。

　　よくあてはまる・・・A　　　　どちらかといえばあてはまる・・・B
　　あまりあてはまらない・・・C　　まったくあてはまらない・・・D

1　みんなと一緒にワイワイさわぐのは楽しい。
2　人に言われて，自分の考えを変えることがよくある。
3　友達を大切にして，うまくつき合っていきたい。
4　相談にのったり，アドバイスしたりするのは苦手だ。
5　チャンスがあれば，海外で勉強したい。
6　このごろ，何かとイライラすることが多い。
7　試験勉強をするときは，早めに計画を立ててコツコツやるほうだ。
8　あまり好きでない人とは，ほとんど口をきかない。
9　人に頼らず，自分のことはなるべく自分でやるようにしている。
10　グループで勉強や仕事などをするよりも，自分ひとりでやるほうが好きだ。
11　話合いの場では，いつでも自分の考えをはっきり主張するほうだ。
12　休みの日などには，何もしないでぼんやりと過ごすことが多い。
13　一度はじめたことは，つらくても最後までがんばる。
14　言わないで我慢するより，ついしゃべってしまうほうだ。
15　クラス替えしても，すぐに新しいクラスになじめる。
16　自分の話す番がくると，胸がドキドキして逃げたくなる。
17　体育祭など，みんなで力を合わせてがんばるような活動が好きだ。
18　何か決めるときは，友達の意見に賛成することが多い。
19　授業中は積極的に発言するほうだ。
20　自分の思った通りにならないと，すぐに機嫌が悪くなる。

あなたが今まで学習した教科や科目で，「得意だ」「好きだ」と思うものはどれですか。特にないときは，これから進んで勉強しようと思うものを選んでください。
　（下のア〜ソの中から3つ以内で選んでください）
　ア　国語　イ　地理　ウ　歴史　エ　公民　オ　数学　カ　理科（第1分野）
　キ　理科（第2分野）　ク　音楽　ケ　美術　コ　保健　サ　体育実技
　シ　技術　ス　家庭　セ　英語（外国語）　ソ　選択教科

家での勉強時間は，1日にだいたいどれくらいですか。
　（下のア〜オの中から1つだけ選んでください）
　ア　30分以内　　イ　30分〜1時間くらい　　ウ　1〜2時間くらい
　エ　2時間以上　　オ　ほとんどしていない

1週間のうち，どれくらい学習塾に通っていますか。

ステップ4

●進路について考えていきましょう●

* 進路について家族や友達と話し合っていきましょう。
* 日々の学習と職業との関係について考えていきましょう。
* 仕事に就く将来の自分のために，今から取り組むべきことは何かについて考え，これからの進路について目標を立てましょう。

ステップ5

* 職場体験で学んだことから，働くことの意義，働くことと自分との関係について理解できましたか。
* 自己分析と職業分析から，仕事に生かせる自分の適性を理解することができましたか。
* これからの進路について目標を立てることができましたか。

学習のねらい → 経済と雇用の関係を理解し，わたしたちの生活とのかかわりについて考えることができる。

29 経済と雇用の関係

ステップ1 皆さんは，次のグラフや資料を見てどのように考えますか。

[国内総生産（GDP）の変化（金額）]
（内閣府経済社会総合研究所）

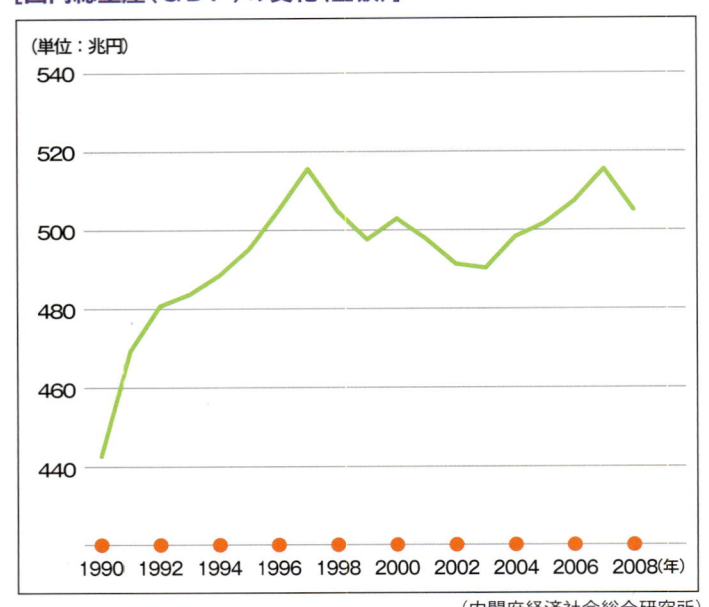

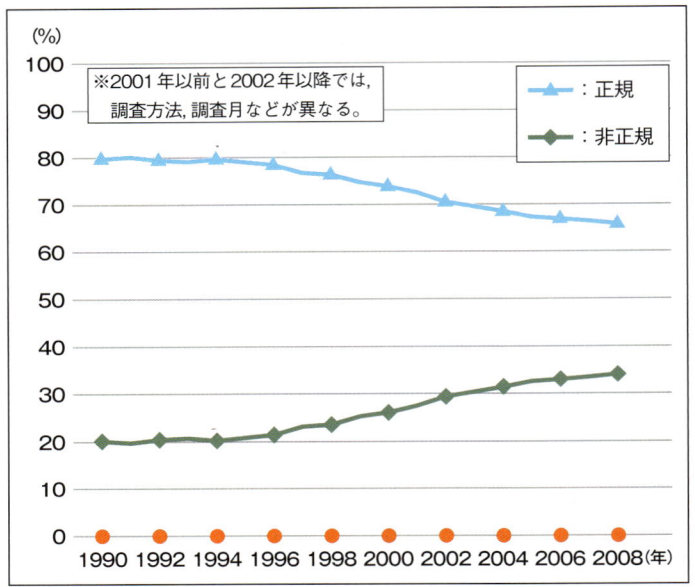

[非正規雇用の割合]
※2001年以前と2002年以降では，調査方法，調査月などが異なる。
△：正規
◆：非正規
（総務省統計局「労働力調査」）

（2008年9月16日 朝日新聞）
リーマン経営破綻
資産6300億ドル、過去最大
メリルは身売り バンカメに
サブプライム危機 金融再編へ
東証600円安 円急伸

サブプライムローン問題…米国の金融機関が，十分な返済能力のない人に住宅ローンを貸し出し，返済が滞ったために世界的に金融危機が起こった。住宅価格の値上がり分を担保にして，審査基準を下げて高い金利で貸し出したが，住宅の値上がりが止まったため，一斉に不良債権化した。

世界金融危機…2008年9月29日，米国下院で緊急経済安定化法案が否決されたのをきっかけに，ニューヨーク証券取引市場のダウ平均株価は前週末終値比777ドル安と史上最大の下げ幅を記録した。米国のサブプライムローン問題に端を発した金融危機は，ヨーロッパを中心に世界各国に連鎖的に広がり，世界規模の恐慌へと発展した。

ステップ2 経済を学ぶことによって，自分の将来を設計する能力を身につけることができる。

ステップ3

●各自で調べてみましょう●

* ステップ1の資料を活用して、経済と雇用の関係について調べてみましょう。
* 次の事柄について調べてみましょう。

　　☐金融機関の仕事
　　☐金融危機
　　☐株式と株価
　　☐円高円安

[円ドル為替レートの推移]

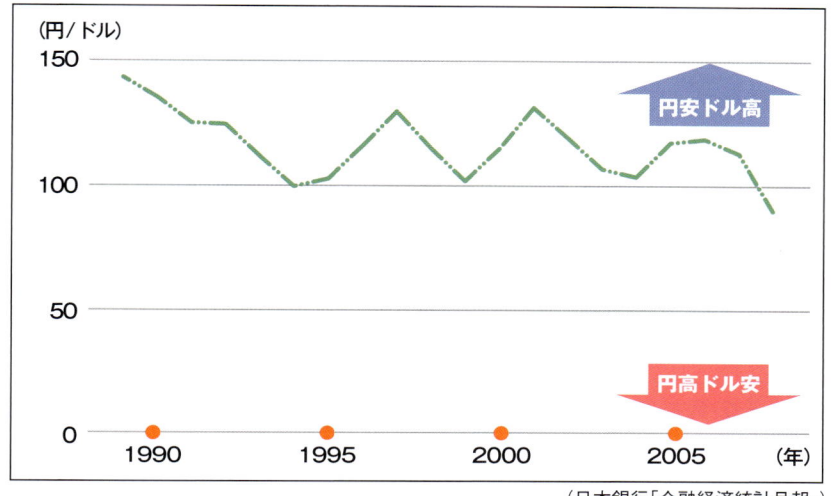

（円/ドル）

（日本銀行「金融経済統計月報」）

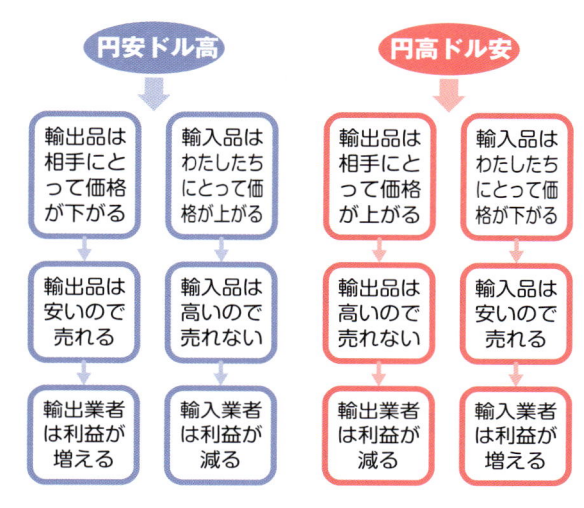

円安ドル高
- 輸出品は相手にとって価格が下がる → 輸出品は安いので売れる → 輸出業者は利益が増える
- 輸入品はわたしたちにとって価格が上がる → 輸入品は高いので売れない → 輸入業者は利益が減る

円高ドル安
- 輸出品は相手にとって価格が上がる → 輸出品は高いので売れない → 輸出業者は利益が減る
- 輸入品はわたしたちにとって価格が下がる → 輸入品は安いので売れる → 輸入業者は利益が増える

円高・円安は経済に大きな影響を与えます。

●グループで取り組んでみましょう●

* 1か月などと期間を決めて、経済、金融、雇用に関する新聞記事をスクラップしてみましょう。そして、各自が持ち寄った記事についてグループで話合いをしてみましょう。
* 経済、金融、雇用、社会が求める人材について、自分の将来設計とあわせて考えてみましょう。

ステップ4

* これからの経済や雇用の状況について、新聞やテレビ、インターネットなどから情報を収集していきましょう。

ステップ5

* 経済と雇用がわたしたちの生活に関連していることが理解できましたか。
* 経済と雇用の関係について学んだことを、自分の将来設計に生かすことができましたか。

| 学習の
ねらい | ＊自分の夢や希望をかなえる仕事を考えることができる。また，自分の希望する職業に就労するために自分自身のプランを立てることができる。 |

30 社会が求める資質と能力

ステップ1 日本の社会には多種多様な職業があります。そして，その職業に就くにあたっては，資格が必要とされることもあります。

【人気職業ランキング トップ10】

1位	パティシエ	6位	公務員
2位	保育士	7位	美容師
3位	プロスポーツ選手	8位	小学校教師
4位	薬剤師	9位	ファッションデザイナー
5位	検察事務官	10位	看護師

（「13歳のハローワーク公式サイト 職業紹介アクセスランキング 2009年6月」より）

「13歳のハローワーク公式サイト」
http://www.13hw.com/
村上龍著「13歳のハローワーク」の514職種をはじめ，1,000職種以上の職業紹介を掲載。仕事に関する疑問などを実際に働いている人に質問することができます。

【社会で求められる能力】

職業や職種に応じた資質や能力が求められます。

次の表は，主な仕事とその仕事に就くために必要な条件などについて対応関係を表しています。

（2010年3月現在）

職業・職種	必要な資格・その資格を取得するために必要な条件等
保育士	次の①または②の条件を満たしていること。 ①厚生労働大臣が指定した保育士を養成する大学・短期大学・養成所を卒業すること。 ②保育士試験に合格すること。（保育士試験の受験資格は，卒業または在籍した学校により異なる）
調理師	次の①または②の条件を満たしていること。 ①中学を卒業した者で，学校，病院などの給食施設，飲食店，惣菜製造業などで2年以上調理業務経験があり，調理師国家試験に合格すること。 ②厚生労働大臣が指定した調理師養成施設で学び，所定のカリキュラムを修了すること。
弁護士	司法試験（法科大学院修了者または予備試験※合格者が対象）に合格し，司法修習を修了すること。
中学校教員	四年制大学または短期大学で所定の単位を取得すること。公立学校の教員になるには，教員採用試験に合格すること。
美容師	厚生労働大臣が指定した美容師養成施設（通学制は2年以上，通信制は3年以上）を卒業し，美容師国家試験に合格すること。
警察官	職種によって年齢・学歴・身体要件などの受験資格が異なる。採用試験は筆記試験・面接・適性検査などが課せられる。
獣医師	大学で正規の獣医学課程を修了し，獣医師国家試験に合格すること。
パティシエ	免許や資格は特に必要ないが，製菓衛生師や洋菓子製造技能士の資格を取得すると，就職の際に役立つ。製菓専門学校で学び，洋菓子店やレストランなどに就職して経験を積みながら腕を磨くのが一般的。
システムエンジニア（情報技術関係）	免許や資格は特に必要ないが，高校・短大・大学・専門学校で知識や技術を身につける。情報処理技術者試験（基本情報技術者試験，応用情報技術者試験など）に合格すると就職の際に有利。システム開発の会社などで実務経験を積むとよい。

※2011年から実施。

> **ステップ2** それぞれの職業には，その仕事に応じた資質や能力が求められる。自分自身でプランを立てて身につけていくことが大切である。

ステップ3

●**希望する職業に就くために志を立ててみましょう**●

＊ 右の6項目に従って，あなたが希望する職業に就くためのプランを作ってみましょう。

＊ 職業体験で学んだ経験を振り返りながら，そのプランをレポートにまとめて，自分の将来の職業についての志を立ててみましょう。

自分の将来の職業のための6項目

1. 職業の名称
2. その職業に就きたい理由
3. その職業に就くための資格
4. その職業に向いている資質
5. その職業に就くまでの道筋
6. その職業に就くために必要な取り組み

●**奨学金制度にはどのようなものがあるかについて調べてみましょう**●

> **奨学金制度**…進学に必要な能力をもち，進学を希望する生徒・学生に対して経済的支援を行う制度を奨学金制度という。奨学金を支給する条件や規則などについては，団体ごとに違いが見られるが，主に経済的理由によって修学が困難となった生徒・学生に奨学金を支給し，経済的な支援を行う制度であることはおおむね共通している。国，品川区などの地方自治体，民間の団体などが奨学金による支援を行っている。

ステップ4

＊ レポートにまとめた自分の将来のプランを，自分の志として立志式でみんなに発表してみましょう。

＊ 進路について，家族や友達と話し合っていきましょう。

＊ 興味のある職業に対する情報を収集し，将来設計に役立てていきましょう。

ステップ5

＊ 自分の将来設計プランを考えて，発表することができましたか。

＊ 自分の目ざす職業に就くためには何が必要か理解できましたか。

学習の
ねらい　＊上級学校を訪問し，その体験を進路計画に生かすことができる。

31 進路選択(せんたく)

ステップ1

　ここでは，自分の進路を計画するために上級学校を訪問します。進路の選択について考えてみてください。

ステップ2　進路を選択することは，将来への大切な一歩である。

ステップ3

●上級学校を訪問するための事前学習や訪問後の事後学習に取り組んでみましょう●

〈トレーニング1〉　情報収集
＊上級学校に関する情報を収集してみましょう。
　教育方針や校風，クラブ活動や生徒会活動などの学校生活，進学実績などを調べ，訪問したい上級学校を絞(しぼ)り込(こ)んでみましょう。

〈トレーニング2〉　資料作成と事前準備
＊上級学校を訪問する際の留意点についてまとめてみましょう。
　例えば，事前の連絡(れんらく)の方法，訪問時の服装や言葉づかい，上級学校の先生に質問する内容などの留意点について整理しておきましょう。

〈トレーニング3〉　上級学校訪問
＊トレーニング1の情報収集とトレーニング2の事前準備を活用して，上級学校を訪問させていただきましょう。

〈トレーニング4〉　報告書の作成
＊上級学校を訪問した記録として報告書を作成して，冊子にしてみましょう。
＊訪問した上級学校への進学が自分に適した進路であるかについて考えてみましょう。

上級学校訪問レポート

組　班　　訪問日時　月　日（　）	
班のメンバー	
班長：　交通：　学習：　記録：	

学校名	東京都立小山台高等学校
住所	品川区小山3-3-32　TEL 3714-8155
学科コース	普通科　共学校
交通経路 所要時間	東急目黒線「武蔵小山駅」より　徒歩30秒
校風 施設 周りの環境	大正12年、東京府立第八中学校として創立。「敬愛・自主・力行」を教育目標とし、学力ばかりでなく、体力も伸ばし、自主性を重んじる伸びやかな校風は創立以来の伝統。屋上の八角塔がシンボル、校舎内にはホールや光庭がある。図書室の蔵書は37,000冊である。
学校の規模 生徒数　制服	全校生徒841名（男子429名、女子412名） 男子　詰め襟、女子　ブレザー
教育方針について	進学指導の充実を目指す学校、行事や部活動（班活動）の充実を目指す学校、国際交流の推進により豊かな人間性をはぐくむ学校
授業内容　特に力を入れている教科	ほぼ全員が大学進学を希望しているため、生徒一人一人の可能性を引き出す事に主眼をおいて教育課程を編成している。
学校行事や部活動について	6月の日比谷公会堂で行う合唱コンクールと、9月の運動会・文化祭からなる寒菊祭が二大行事である。特に運動会は内容、進行、盛り上がりにおいて都内のトップレベルの名物行事である。部活動は「班活動」とよび、都大会上位の野球班、関東大会出場の男子バレー班、全国大会銀賞のブラスバンド班が有名。
進路状況について	卒業生の進路は、平成20年3月調べでは、 　　4年制大学　73.2%、　短大　1.4%、　専門学校　4.0% 　　進学準備ほか　21.4%
どのような生徒に入学してほしいか	自主性があり、何事にも努力し継続できる生徒。

☆質問・まとめ☆

①質問　野球班の活動の様子を教えてください。

平成21年春季大会　東京都ベスト4　部員は70人を越えている。
夏季大会では東京ベスト8になった。

②質問　卒業生の有名人はいますか。

御手洗　冨士夫（日本経団連会長）　山田　洋次（映画監督）
朝岡　聡（フリーアナウンサー）　など

③質問　小山台の特色ある行事を教えてください。

6月の合唱コンクール、9月の寒菊祭（運動会、文化祭）が二大行事。
合唱コンクールの最後は、全校生徒および保護者での校歌の大合唱で感動的に締めくくられる。

④質問　班活動はどのようなものがありますか。

運動系　野球　サッカー　ラグビー　男子バレー　女子バレー　男子バスケ　女子バスケ
　　　　硬式テニス　軟式テニス　バドミントン　水泳　卓球　柔道　剣道　陸上競技　器械体操
文化系　ブラスバンド　ホームサークル　物理ラジオ　放送局　化学　弦楽　ESS　生物
　　　　美術　茶道　天文　演劇　将棋

⑤質問　国際交流で活動している内容を教えてください。

国際交流として、海外派遣と受け入れ事業を行い、英語語学研修派遣と交換留学派遣の2種類があり、多数の生徒が参加している。

まとめ・感想

高校の先生にたくさんのお話をいただき、いろいろなことがわかり、更に魅力を感じました。校内を、時間をかけて丁寧に案内していただき、高校生の様子もよくわかりました。班活動の様子を見学させていただき、とても意欲的に活動している様子がみられ、自分もこのような環境で高校生活を送りたいと思います。

（2009年7月　生徒作成）

ステップ4

* 上級学校の教育方針や校風，クラブ活動や生徒会活動などの学校生活，進学実績などから，自分の将来のためにはどのような進路を選べばよいかについて考えてみましょう。
* 自分に適した進路に進むためには，どのような努力を積み重ねていけばよいかについて考えてみましょう。
* 日ごろから正しい言葉づかいや態度，服装などを心がけていきましょう。
  * 自分の学校の標準服などに関するきまりを確認しましょう。
  * 日常生活においても，中学生としてふさわしい服装を心がけましょう。

ステップ5

* 上級学校を訪問するための計画をしっかりと立てることができましたか。
* 上級学校を訪問したことによって，自分の進路について考えることができましたか。

学習のねらい ＊上級学校を訪問した体験を生かしつつ，将来設計をふまえて，これからの進路計画を立てることができる。

32 進路計画

ステップ1 次のイラストに登場する人たちが，どのような進路を経てこれらの職業に就いたかについて考えてみてください。一方，あなたが希望する職業に就くためには，どのような進路が考えられますか。

ステップ2 進路計画は自分が生きていく指標である。

ステップ3

● 各自で進路計画を作成してみましょう ●

＊次ページの「わたしの30歳までの進路計画」を作成してみましょう。

理想の自分を実現するためには？
（資格取得／上級学校／家族／専門学校／就職）

ステップ4

● 現在の生活を見直しましょう ●

＊将来から現在にさかのぼって計画を立てるときには，将来のなりたい自分のために何が必要かを考えたうえで，現在の生活を見直す視点をもつことが大切です。

ステップ5

＊自分の将来設計を見据えたうえで進路を考え，計画を立てることができましたか。

将来のことを考えて、今の生活を見直そう。

わたしの30歳までの進路計画　　　組　　番

- 30歳

このときわたしは…

- 25歳

- 20歳

このときわたしはこんな夢をもっている。

このときわたしはこんなことに熱中している。

| 大学・短大 | 専門学校 | その他 |
| [　　　　　] | [　　　　　] | [　　　　　] |

このときわたしはこんなことに挑戦(ちょうせん)している。

| 高校 | 高校以外のその他の学校 | その他 |
| [　　　　　] | [　　　　　] | [　　　　　] |

- 15歳

9 年	自分の長所と短所
8 年	
7 年	

将来のなりたい自分のために，現在の生活のどのようなことを見直したらよいでしょうか。

学習のねらい
＊収支のバランスを図ることの重要性を知り，将来の生活設計について理解を深めることができる。

★ ファイナンス・パーク・プログラム ～生活設計体験学習～

ステップ5

＊あなたは，ファイナンス・パーク・プログラムでどのようなスキルが身についたと思いますか。

- 可処分所得
- 根拠のある生活費の収支計画
- 貯蓄（ちょちく）
- 自分の将来の生活
- 生活費の使いみち
- 意思決定

一般的な知識

可処分所得…収入から税金や社会保険料を差し引いた残額であり，消費や貯蓄に自由に使える所得のこと。手取り金額などともいう。生活設計を図る際には，可処分所得と消費支出のバランスを考えることが大切。

＊進路を考えるにあたって，ファイナンス・パーク・プログラムによって身につけたスキルを活用することができますか。

＊自分らしく充実した生活を送るためには，確かな根拠をもった生活費の収支計画が重要であることが理解できましたか。

FINANCE Park®

ファイナンス・パーク…個人のお金に関する意思決定と進路選択（せんたく）を主たるテーマとして，家計のやりくりを通じて生活設計を考える中学生向けの「体験型実技演習プログラム」です。生徒たちは，事前学習で習得した知識を「ファイナンス・パーク」で実際に使いながら，お金と生活にかかわるさまざまな選択を行います。そのことを通じて，社会と個人のかかわり，社会の仕組みと経済のはたらきについて学びます。

Junior Achievement®
ジュニア・アチーブメント日本
http://www.ja-japan.org

市民科からの贈りもの

あなたは，市民科で多くのことを学び，習得してきたと思います。

今の自分を振り返るとともに，改めて次の（1）～（5）について，その必要性や重要性について考えてください。

そして，このページの最後に示したテーマについて，あなたの考えを論文としてまとめてください。

（1）「個の自立」
- 自主・自律した基本的生活習慣を身につけていますか。
- 日常生活でのさまざまな場面や状況に直面したとき，適切に判断し行動していますか。
- 与えられた自分の仕事や役割について責任をもち，最後までやり遂げていますか。

（2）「他者とのかかわり」
- 自分のことを正しく理解していますか。
- 自分と同じように，他者の個性や人権を尊重して人に接していますか。
- だれとでも望ましい人間関係を築くことができますか。

（3）「集団や社会とのかかわり」
- 集団や組織の中で，自分の役割や立場を理解し，自分のよさを発揮していますか。
- 望ましい集団や地域づくりに積極的にかかわっていますか。
- 自分の役割を理解し，よりよい地域社会を築く活動に参加・協力していますか。

（4）「自己を生かし高める意欲」
- 自分の考えや思いを効果的に表現することができますか。
- 自分の興味・関心を生かし，学級や学校，地域の文化活動に積極的に参加していますか。
- 自分の課題に挑戦したり，先人の生き方や歴史に学んだりしながら自分を高めていますか。

（5）「将来に対する意志」
- 社会的に有為な存在となるための自分の義務と責任を自覚していますか。
- 自分の将来への方向性をもっていますか。
- 経済社会の仕組みと自分とのかかわりを探究し，生きることの意義が理解できましたか。

■論文のテーマ

「自分らしく生きるということ」